思想者的俱乐部
海德堡大学

王子安◎主编

汕头大学出版社

图书在版编目（CIP）数据

思想者的俱乐部——海德堡大学 / 王子安主编. --汕头：汕头大学出版社，2012.4（2024.1重印）
ISBN 978-7-5658-0717-6

Ⅰ. ①思… Ⅱ. ①王… Ⅲ. ①海德堡大学－概况 Ⅳ. ①G649.516.8

中国版本图书馆CIP数据核字(2012)第066380号

思想者的俱乐部——海德堡大学

主　　编：	王子安
责任编辑：	胡开祥
责任技编：	黄东生
封面设计：	君阅天下
出版发行：	汕头大学出版社
	广东省汕头市汕头大学内　邮编：515063
电　　话：	0754-82904613
印　　刷：	河北浩润印刷有限公司
开　　本：	710mm×1000mm　1/16
印　　张：	10
字　　数：	80千字
版　　次：	2012年4月第1版
印　　次：	2024年1月第2次印刷
定　　价：	45.00元

ISBN 978-7-5658-0717-6

版权所有，翻版必究
如发现印装质量问题，请与承印厂联系退换

目　录

历史回眸

海德堡城市与海德堡大学 …………………………… 3
在战争风云中摇摆 …………………………………… 22
历史名人遗失心的地方 ……………………………… 28

校园特色

大学生监狱 …………………………………………… 35
浪漫胜地 ……………………………………………… 40

名人轶事

黑格尔在这里海人不倦 ……………………………… 53
韦伯和著名的"韦伯圈" ……………………………… 65
歌德把心"丢"了的地方 …………………………… 87

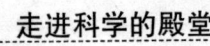

华人风采

诗人冯至 …………………………………… 111

怀念翻译家梁宗岱 …………………………… 133

文坛"旋风"龙应台 …………………………… 145

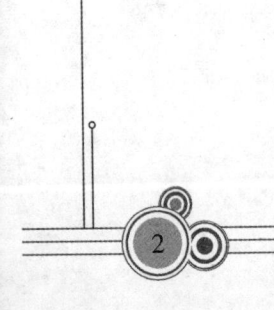

历史回眸

思想者的俱乐部——海德堡大学

海德堡城市与海德堡大学

  1196年，海德堡之名第一次被提起。据说，在1693年的War Of the Palatinate Succession中海德堡城被法国人焚毁，部分城堡被破坏。（实际上此事只是传说，大部分的破坏应归咎于战后市民盗窃石材用来重建城市）

海德堡风光

走进科学的殿堂

海德堡是一个充满活力的传统和现代混合的城市。过去它曾是科学和艺术的中心，如今的海德堡延续传统，在城市内和城市附近建有许多研究中心，是历史悠久的文化名城和高科技新城。

历史回眸

海德堡风光

海德堡坐落于内卡河畔。内卡河在此处由狭窄而陡峭的 Odenwald 山谷流向莱茵河河谷，并与莱茵河在海德堡西北 20 千米的曼海姆交汇。著名的海德堡城堡位于高出内卡河 200 米的 Koumlnigstuhl 山上，俯视狭长的海德堡老城。

海德堡位于德国的西南部，是一座景色秀丽、历史悠久的大学名城。它拥有德国最古老的大学和大学图书馆，距今有 611 年历史。它还

拥有欧洲最优美最著名的宫殿之一的遗址，在欧洲甚至与凡尔赛宫齐

凡尔赛宫

名，每年游客络绎不绝，达300万人次以上。历史上无数大诗人都曾为海德堡深深折服过：舍菲尔、布伦塔诺、阿宁、荷尔德林、埃申多夫、让·保尔。也有很多诗人和艺术家为寻求心灵闲适来到这里，他们热爱这块土地，赞美这个城市，并为此创作了数不尽的艺术和浪漫故事，流传至今。歌德就是其中的一人。他曾8次来到海德堡，并与一位名叫玛丽安娜·冯·维蕾玛的姑娘产生恋情。在他的《东西诗集》中，到处可见这种炽热情感的流露。另外，诗人马梯逊、赫尔达林也在诗歌中高度夸赞过这座城市。

在海德堡，即使不是伟大的艺术家，也会被其风情四溢的城市风光催生诗兴。飞架在滔滔不绝的内卡尔河上的漂亮古桥，映照着夕阳余晖

走进科学的殿堂

的古城堡，绿色的山冈，还有红砖建筑的清新的街头景色，无一不让人沉醉其中。作为德国数一数二的观光名城，在海德堡，您从容悠闲的心情决不会被破坏。

海德堡风光

同时，海德堡又是一座著名的旅游城市。每年来旅游的人数高达500万人次。外国游客来海德堡的理由只有一个：那就是海德堡拥有太多的人文古迹。

毫无疑问，海德堡的必游之处是海德堡古城堡。站在古城堡上眺望到的城市风光，真是美不胜收。庭园虽没有任何修饰，倒也显得落落大方、轩敞明快。城堡内部的葡萄酒大酒桶、庭园及德国药物博物馆，游客们都可以自由游览。海德堡的整个城市从内卡尔河的左右两边扩展开来，主要景点几乎全都集中在老城区。位于老城区正中央的集市广场上

思想者的俱乐部——海德堡大学

有一座巴洛克风格的圣灵教堂，教堂竣工于1441年，它那漂亮的尖塔非常引人注目。而且这里有历代王储的墓葬区。进入教堂立刻能看到彩绘玻璃。教堂对面具有文艺复兴风格的建筑是1592年由中国服装商查尔士·贝略建造的骑士之家。正门前的骑士像代表着该建筑的名称由来。老城区内还分布着不少大学校舍，其中的海德堡大学是德国最可炫耀的老资格大学，这里的学生公寓是游客值得一看的地方。在集市广场，游客还可以欣赏到掩映在绿树丛中的暗红色城墙以及海德堡城堡的一部分建筑。

海德堡坐落于奥登林山的边缘，整个城市傍内卡河而建。奥登山峡

海德堡古城堡

中的内卡河在这里流入莱茵平原，在几十公里外的下游流入莱茵河。青山绿水间的海德堡，石桥、古堡、白墙红瓦的老城建筑，充满浪漫和迷

人的色彩。在许多人的心目中，海德堡就是浪漫德国的缩影。

　　海德堡地区很早就有凯尔特人定居，后来罗马帝国在此筑有军事要塞。海德堡这个名字在1196年正式出现在历史文献中，当时只是个小城邑。1214年，海德堡成为法尔茨选帝侯的官邸所在地。其后的几百年间，海德堡虽不断被争夺，饱受战争破坏，却得到了快速发展。1386年，海德堡大学设立，并逐步成为当时欧洲的政治、经济、文化重镇。18世纪后，海德堡的重要地位逐渐失去，1720年选帝侯的官邸迁移。而在文化方面，海德堡开始走向辉煌的时代。二战时期，海德堡幸运地躲过了盟军飞机的轰炸，据说是因为盟军空军上层中有些人曾经是海德堡大学的学生，不知是真是假。不过，战后海德堡成为驻欧美军总部所在地，这是真的。

　　现在，海德堡是欧洲文化和科技中心之一，它实在有太多理由值得被人宠爱。诗人歌德"把心遗失在海德堡"，马克·吐温说海德堡是他"到过的最美的地方"。

海德堡古城堡

思想者的俱乐部——海德堡大学

海德堡城堡是一座红褐色古城堡，它坐落在内卡河畔树木繁茂的王座山上，为选帝侯官邸的遗址。城堡主要用红褐色的内卡河砂岩筑成，内部结构复杂，包括防御工事、居室和宫殿等。始建于13世纪，历时400年才完工。因建筑风格不断变化，形成了哥特式、巴洛克式和文艺复兴式的三种风格的奇妙混合，为德国文艺复兴时代建筑的代表作。17世纪时城堡曾两度被法国人摧毁，城堡主人选帝侯家族也迁居曼海姆，被遗弃的城堡后来有一部分得以修复重建，至19世纪末主体建筑才恢复原貌并能使用。

内卡河畔的海德堡城堡

现在城堡多数的房间开放给游客参观，保存完好的一些大厅，仍可举行宴会以及艺术表演。未修复的部分仍为残垣断壁，上部某些房间只留有一面外墙。这是一座美丽的大城堡，也是一座满目沧桑的城堡遗址。马克·吐温曾这样评价过海德堡城堡：残破而不失王者之气，如同暴风雨中的李尔王。

海德堡古桥，是一座有9个桥拱的石桥，跨越内卡河南北两岸，于1786—1788年由Elector Karl Theodor建造。河南岸的桥头有一座桥头堡巍然屹立，与山上的海德堡古堡遥相应衬。桥头堡有两座圆塔，塔下面

海德堡古城堡的残垣断壁

的门洞原来是海德堡老城的入城口，圆塔也曾经作过牢房使用。桥上有两座雕像，靠南面的是选帝侯卡尔特奥多，靠北面的是智慧女神雅典娜。海德堡古桥是海德堡美景和灵气浑然天成的点睛之笔，因而成为海德堡的象征。

海德堡老城在内卡河南岸傍河而建，为长条形。尽管老城也十分现代化，但街道、小巷和主要建筑还是保留了原来的古朴风格。主街为豪普特街，与内卡河平行，全长约1600米，为步行街。这条街的西端为俾斯麦广场，东端为集市广场。

思想者的俱乐部——海德堡大学

　　俾斯麦广场是一个交通广场，是当地乃至整个地区主要的交通中心，广场上有19世纪德意志帝国首相俾斯麦的铜像。广场附近有海德堡地区唯一的五星级豪华大酒店：欧罗佩舍豪夫——欧洲大酒店。

海德堡古桥

　　集市广场是老城的市中心广场，由鹅卵石铺盖而成。广场中间有大力神海格立斯喷泉，广场周围有市政厅、谷物市场、圣灵大教堂和骑士之家。

　　前面提到的骑士之家，又称圣乔治骑士之屋，属于文艺复兴时期的建筑，因其外墙上绘有骑士像而得名，是城里保存下来的最古老的建筑之一。骑士之家是1592年一个名叫查理斯·贝利尔的德国布商建造的，专营中国的绫罗绸缎。后来，骑士之家成为私有民宅。1705被改造成为饭店，并经营至今。

历史回眸

走进科学的殿堂

圣灵教堂在骑士之家的对面，1441年建成，是一座巴洛克风格的建筑，有漂亮的尖塔。这里有历代选帝侯的墓葬区，教堂里面还有以日本广岛原子弹爆炸惨况为题材的彩绘玻璃。

俾斯麦广场

选帝侯博物馆位于老城主街，有15至17世纪的美术作品和当时贵族的生活用品。而最著名的，是1907年在海德堡附近发现的、距今约50万年的原始人类化石："海德堡人"化石。

"海德堡人"化石，原为海德堡下腭骨化石所定名称，学名为海德堡人。现公认为欧洲直立人之一例。其生活在距今50万年至40万年之间，是迄今为止在欧洲发现的最早的猿人。就外表而言，海德堡人还保留着许多原始特征，是尼安德特人的直接祖先。1907年发现于德国海德堡附近毛尔距地表24.5米的砂层中。时代为中更新世，属贡兹－明德间冰期，或明德冰期的一次间冰段。

　　海德堡不仅有着引以为荣的中世纪城堡，还拥有着欧洲最古老的教育机构之一——海德堡大学。曾在海德堡大学学习和工作的著名思想家有黑格尔、诠释学哲学家伽达默尔、社会学家哈贝马斯以及阿佩尔。

圣灵教堂

　　海德堡大学是德国最古老的大学，也是德意志神圣罗马帝国继布拉格和维也纳之后开设的第三所大学。十六世纪的下半叶，海德堡大学就成为欧洲科学文化的中心。它脱胎于巴黎的 Sorbonne 大学，成立于1386 年。它的原校名叫鲁普莱希特－卡尔大学，这是为了纪念两位办学名人。

　　前者鲁普莱希特作为 600 年前海德堡大学的创始人早已名垂校史，后者卡尔大公于 19 世纪初，在海德堡大学的财政濒于崩溃之际，倾力

走进科学的殿堂

相助，并帮助学校重金礼聘名师泰斗，才使得海德堡大学得以重整旗鼓。

1386年，当一场宗教纷争促进了海德堡大学的创建时，创建人莱茵侯爵鲁普莱希特一世并没有意识到，这件出于宗教目的的行为将是一个怎样的丰功伟绩。如同海德堡的历史一样，海德堡大学在以后的发展中也是饱经忧患，幸好每个转折期都有热爱知识的大公或伯爵站出来助它一臂之力，卡尔大公爵、17世纪威尔欣姆大诸侯等等，都是海德堡大学历史上的功臣，而海德堡大学也从当年的神学、医学、法学和文学四分科扩展到了今天宏大的建制。

历史回眸

海德堡大学

17世纪的政治危机，特别是"三十年战争"（1618—1648年）和普法尔茨的继位战争（1688—1697年），曾使学校两次停办，濒于破产。信奉天主教的维尔斯巴赫家族在17世纪末对普法尔茨政权的接管和18世纪耶稣会对大学的干预，阻碍了新思想的发展。直到1803年，由于卡尔·腓特烈大公爵重建海德堡大学的决定，这座德国最古老的高等学府才得以从破产的危机中得到拯救，成为巴登州的州立大学。此后，它逐渐恢复从前的学风。

海德堡大学位于老城区。1386年成立时只有4个学院：神学院、法学院、哲学院和医学院。来自欧洲各地的学者、学生会聚于此，16世纪时，海德堡已成为欧洲的文化重镇。18世纪末，因战争等原因，海德堡大学曾一度关闭。19世纪以来，海德堡大学大力发展了自然科学和应用科学的学科，如今已成为有近20个学院的综合大学。医学系的临床医学和心脏研究在全世界享有盛誉。和大学密切相关的许多大型科研机构，如分子生物学的欧洲实验室，德国癌症研究中心等也很有名。

大学广场，为一丁字形广场，位于旧大学的西侧和南侧，并向南延伸，广场上有狮子喷泉。当年马丁路德和奥古斯汀修士曾在此广场上论战。

著名的学生监狱位于老大学东侧，事实上相当于禁闭室，不过的确是世界上绝无仅有的。由于治外法权的关系，学生们犯下轻罪，警方也无法干预，市民们对大学当局纷纷表示不满，于是大学当局设立了这个监狱。犯罪学生白天必须去上课，晚上回来关押，这期间仅能得到面包和水，根据学生的罪过轻重关押时间从1天到30天不等。这里毕竟不是真的监狱，没有禁止从别处买了食物进来，也没有禁止别的同学探望，因此这里很快成了学生乐园，晚上

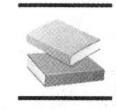

在这里大吃大喝大闹。好多学生故意惹是生非，争取到这里来"关押"。这样始用于1712年的学生监狱，终于在1914年第一次世界大战爆发时停止使用。监房内可见到有旧铁床和旧桌椅，而四壁和天花板上则全是学生们的涂鸦之作。

学生监狱

哲学家小路，位于内卡河北岸的山丘上，可眺望河对岸的城镇风光。历史上许多诗人、哲学家经常在这里散步和思考，如哲学家黑格尔、诗人歌德。

如今，海德堡大学成为世界著名的学府，并以自己的人杰地灵，吸引着世界上的莘莘学子来到此地。他们在这里，不仅享受到了文化知识方面的充足，而且美好的环境氛围也使他们的心灵得到了净化。

目前，海德堡大学有18个系。

神学系有科学神学专业和实用神学专业，前者包括新约、教堂史、基督教考古学、教职知识、系统神学等课程。此外还有基督教研室和基督教主祭研究室。

法学系有法学、外国和国际私法与经济法、法学史、社会经济法、刑事法、财政税和德国与欧洲管理法等专业。

海德堡大学

医学总系下有各类专业和系。它们是自然科学医学系，有解剖学和细胞生物、生理学、实验用动物学、生化、医学史等专业；理论医学系，有医学法、人类遗传学与人类学、病理学、卫生学、免疫学与血清学、医学生物统计学与信息学、工作社会医学等专业；临床医学系，有医学门诊、普通病理解剖学、外科临床、麻醉学、神经外科、妇科、儿

走进科学的殿堂

科和矫形外科等专业；临床医学系Ⅱ，它有神经病学、心理学、心身医学、眼科、皮肤科、放射学、口腔学等专业；后期临床医学系，设有普通医学、眼科、外科、妇科、耳鼻喉科、皮肤科、麻醉学和外科手术医学、医学微生物和卫生学、临床放射学、药物学和毒剂学、儿科临床、临床化学、内科临床、医学临床、医学统计、生物数学与信息处理学、神经病学、矫形外科学、病理学、泌尿外科学和精神健康学等等专业。

哲学历史系有哲学、历史、东欧历史、政治学、艺术史学等专业。

东方学与古代学系有东方语言、埃及学、汉学、日本学、古典语文学、早期史学、古代史和考古学等专业。

新哲学系有日耳曼学、英国语言文学、罗马学、中世纪和新时代拉丁哲学、斯拉夫语、语言学、口译和笔译、作为外语的德语等等专业。

经济学系有国际经济和社会统计比较学、社会学史和经济史等专业。

社会行为学系有心理学、社会学、运动学和老年病学等专业。

自然科学——数学总系下的专业系是数学系

海德堡大学图书馆

(数学和应用数学两个专业)、化学系(有机化学、无机化学、物理化学等专业)、药剂学系(有药物化学、药物生物学、药物技术和生物药剂学等专业)、物理与天文学系(有应用物理学、物理学、环境物理、高能物理、理论物理和理论天文物理学等等专业)、生物学系(有生物化学、植物学、系统植物与植物地理学、植物园学、动物学、微生物学、分子遗传学、神经生物学、细胞学和生物医学等等专业)、地壳学系(有地质古生物学、矿物岩类学、沉积物研究学、实验室地质年份研究学和地质学等专业)。

海德堡大学对有杰出贡献的学者授予荣誉评议员、荣誉市民称号,并对他们颁发荣誉奖牌。在校史上,最值得一提的是7位诺贝尔奖金获得者:

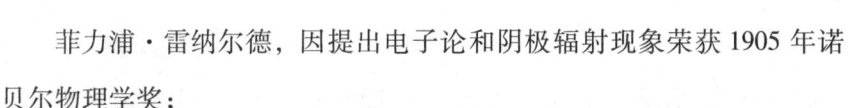

菲力浦·雷纳尔德,因提出电子论和阴极辐射现象荣获1905年诺贝尔物理学奖;

阿尔布莱希特·考索尔,在蛋白质和核酸研究中取得巨大成果获1910年诺贝尔生理学医学奖;

奥托·弗里茨·麦耶豪夫,研究生物反应链取得成果,获1922年诺贝尔生理学医学奖;

里查·柯恩,研究维他命取得成果,获1938年诺贝尔化学奖;

瓦尔特·波特,他发展了物理学上的重合方法,发现了电子在光子放射时获得冲量的方法,和宇宙射线中粒子运动以及核反应时核运动的数据,从而获得1954年诺贝尔物理学奖;

汉斯·丹尼尔·杰生,因对原子核核层结构的研究而荣获1963年诺贝尔物理学奖;

走进科学的殿堂

乔治·维蒂希，因对自然材料再造研究所取得的成果获得1979年诺贝尔化学奖。

总之，海德堡大学以其强大的教学基础和教学质量已经迈入辉煌的名校行列，海德堡城市与海德堡大学的有机结合，为海德堡大学的全方位发展起到了有力的支持和推进作用。

海德堡大学同中国许多的大学都有校际交流，例如华中科技大学同济医学院（原同济医科大学）、北京外国语大学、上海外国语大学、南开大学等。2004年8月4日，清华科技园—海德堡科技园签约合作仪式在创新大厦举行。双方将在信息交流、人员互访、园区企业技术交流等方面开展深入合作。在海德堡大学，隶属于东方学和古代文化研究学院的汉学系，是一个年轻的系科。它的古代汉学专业建立于1962年秋冬学期。

海德堡大学汉学系的首位主任教授为鲍吾刚博士，为他赢得广泛声誉的著作《中国人的幸福观》，已经在若干年前被译成中文出版。1993年，第三位主任教授瓦格纳博士荣获德国科学协会颁发的莱布尼茨奖金，是获得这项德国最高学术奖的第一位汉学家，也为海德堡大学汉学赢得了荣誉和财源。1994年，海德堡大学汉学系又设置了一个关于社会和经济史方面的非主任教授职位。至此，海德堡大学汉学系已经成为德国为数不多的几个设有3个教授职位的汉学系之一。建系34年来，海德堡大学汉学系培养了20多名博士和百余名硕士。海德堡大学汉学系目前设有两个可以授予硕士和博士学位的专业：古代汉学专业和现代汉学专业。此外，担任教学工作的还有近20位教师。目前的注册学生人数在150名左右。汉学系有一个常设客座教授席位。迄今为止，已经有来自中国、美国和加拿大的学者们应邀进行过为期1~2个学期的客

座讲学，其中包括吴小如、刘桂生、熊月之等多位中国教授。

近年来，北京外国语大学和上海外国语大学每年各派两位专业教学人员去海德堡大汉学系担任汉语教师，海德堡大学汉学系则派出学生在两校学习汉语。海德堡大学汉学系与清华大学社会人文科学学院之间则以如下方式进行交流：清华的学者去海德堡作访问讲学，而海德堡的汉学博士生则来清华进行学术研究。

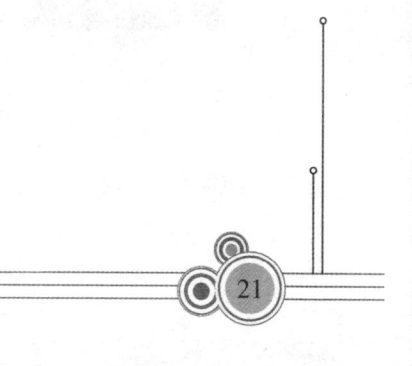

走进科学的殿堂

在战争风云中摇摆

历史回眸

　　海德堡大学作为德国历史上最悠久的一所高等学校，在中欧地区只有布拉格大学和维也纳大学比它建校要早。

海德堡大学

　　欧洲基督教教会分裂时，教都几经变迁，最后定都阿维尼翁。选帝侯鲁布莱希特一世于1386年建立海德堡大学，以示对这一事件的庆贺。

思想者的俱乐部——海德堡大学

在建成庆典上，学校只有3名硕士和几位学者。但是随后来学校登记注册的学生人数却不断上升，同年底入学人数有579名，教师的人数也相应增多。由于海德堡的地理位置，不少因受宗教或种族压迫的硕士和学业者纷纷来到海德堡任教，从而使海德堡的实力明显增加。在以后的100多年间，不少有识之士希望把海德堡大学建成德国的日内瓦大学或巴黎大学，即一座闻名于世的文化中心城，可德国的30年战争使这一理想破灭了。

巴黎大学一景

直到法国大革命后，海德堡大学才得以进入真正的发展轨道。在教学上，德语被规定为课堂必用语，从而统一了学校的语言。同时，又设立法学、神学、医学和哲学系。学校对各系、各专业配备了足够的教师，每军用4万盾添置各种教学器材和实验设施，并且设立了教授学

走进科学的殿堂

衔。哲学家弗里德里希·克罗茨尔是海德堡大学第一位最有影响的教授。

一大批学者在克罗茨尔推荐下来到海德堡任教，使大学的人文科学发展逐渐趋于完善。其中布仑塔诺和阿尔尼姆等当时的著名作家也聚集于此，形成德国文坛上著名的海德堡浪漫派。他们共同收集编写的民歌集《儿童的奇异号角》是海德堡校史上的伟大著作之一。同时，法学和神学系也一下子增加10多位教师。海德堡大学的教师和学生还是著名的汉巴赫大会和法兰克福国民大会积极的组织者与参与者。

在自然科学上，为海德堡建立各院系开路先锋的是19世纪60年代的自然科学三大杰，即罗伯特·威廉·布森、古斯塔夫·罗伯特·克希霍夫和赫尔曼·亥姆霍兹。布森和克希霍夫共同发现光谱分析，使自然科学的研究进入了一个崭新的阶段，亥姆霍兹是生理光学和声学的发现者，也是声音色彩学理论和现代电学的奠基者。

德意志第二帝国建立后，德国经济迅速发展。海德堡大学的规模也随之扩大。新开设的系和专业都有自己的预算、图书馆等。1980年，学校成立了第5个系：自然科学—数学系。学生人数逐年增加，开始接纳女子入学，同时还有波兰、俄罗斯、匈牙利和法国人来海德堡求学。由此海德堡大学进入了它的繁荣时期。

但是，第一次世界大战给德国带来了巨大的物质匮乏，一战的失败又使它陷入全面的混乱状态。一些海德堡传统自由派教师和那些受马克斯·韦伯和斯坦芬·乔治影响的教授们便充分利用了当时思想的活跃度和自由性，因为这是受魏玛共和国宪法保护的。在"忠于宪法的高校教师联合会"里，海德堡的法学院教授和以著名经济学家阿尔弗雷德·韦

思想者的俱乐部——海德堡大学

伯为代表的国家社会经济系教授声明，他们拥护年轻的民主共和国。他们还意识到，他们的政治和经济责任就是不断传播他们的民主思想。在30年代希特勒上台以前，海德堡是德国思想界的前哨所。在当时大多数德国人的眼中，海德堡是进步、自由和民主的象征。

一战后，海德堡的学生人数又直线上升。学校成立了由教师、社会名流和学生三者相结合的助学机构。机构出资建立学生宿舍、食堂，帮助学生找工作，并建立贷款社，从各方面解决学生的生活困难。1928年，曾在海德堡学习过的美国驻德大使雅各布·高尔德·舒尔曼向海德堡捐款建造了视听大楼，大楼正面镌刻着"思想活跃"几个大字。

1933年希特勒上台至1945年二战结束是海德堡校史上最黑暗的时期。这一时期，活跃的思想被纳粹残酷扼杀了。许多教师和学生或是因为反对国家社会主义，或是因为种族问题被纷纷赶走、逮捕或迫害致死。1933年夏季学期，海德堡尚有180名犹太学生，而到冬季只剩下24名了。

1945年4月1日，艾森豪威尔将军签署第一号公文，下令关闭海德堡大学。盟军查封没收了学校大部分财产，包括图书馆和

希特勒

教学楼等设施，只有校医院能正常工作。4月5日，海德堡的13名教授组成十三人委员会，要求建立新的海德堡思想体系，重新开放海德堡大

走进科学的殿堂

学所有部门。在十三人委员会努力下，又鉴于该校教授、哲学家卡尔·雅斯伯斯和外科医生、教授卡尔·海因里希·鲍尔的权威性，美国人答应在盟军进入三个半月内开放医学系、神学系和部分自然科学；数学系被允许于1945年11月开放使用，其余几系则在1946年1月重新开放。1946年夏季学期，被查禁的60万册书籍重新使用，这为学校最终接纳学生、进入正常教学轨道、恢复校园秩序提供了可能性。

历史回眸

捷克的布拉格查理大学

战后，在意识形态领域，海德堡始终站在德国社会的前列，领导着德国思想的发展；在自然科学方面，海德堡也是德国主要的科学研究中心。学校的师生人数也有较大的增长。该校曾达到有教授536名，名誉教授67名，有教授称号的讲师622名，客座教授2名。共有学生27529名，其中女生13105名、外国留学生2747名。海德堡的国际交流也相当广泛。它分别和法国蒙特佩吕大学，中国同济大学、南开大学、武汉医学院、北京第一外国语学院、上海外国语学院，以色列耶路撒冷希伯来大学，匈牙利布达佩斯的伊特维斯—洛朗大学，捷克的布拉格查理大学以及波兰、巴西等国的大学有友好关系。

海德堡大学最高领导机构为校长办公室。它包括校长、两名副校长和一名总务长。两名副校长分管学校的几个机构，即图书馆、南亚研究所、学校计算机中心、理论中心室、生物分子中心、国际科学研讨会等等。总务长负责学校6个主要行政部门。此外，学校还有大评议会、评议会和管理委员会。大评议会从全体师生员工中产生，评议会则从各院系中产生。管理委员会由评议会选举产生，大评议会选举正、副校长，评议会推举总务长。

直到今天，当世界和平的美好日子洋溢在我们周围的时候，我们看到了一个巍然屹立在德国这座饱受战争风雨考验的城市中的海德堡大学，它值得历史和全世界人民去探索与回味。

走进科学的殿堂

历史名人遗失心的地方

"我的心遗失在了海德堡。"

——约翰·沃尔夫冈·冯·歌德

历史回眸

诗人克莱门斯·布伦塔诺和阿奇姆·封·阿尔尼姆的影子还飘荡在城堡上空，城堡的玫瑰色在落日余晖中闪闪发光。在城里小住的歌德，跌入了爱慕玛丽安娜·封·威廉姆的苦海之中，他把她变成了他的《东西狄凡》中的"苏莱卡"。在这个小城里徘徊，诗人不由得低低吟唱："我把心遗失了……"

其实，何止是歌德，多少人把心里美好的部分留给了海德堡。维克多·雨果关于这座小城也有一句名言："我来到这个城市10天了……而我不能自拔。"

诗人歌德

思想者的俱乐部——海德堡大学

在这样一个轻易地就纠缠了情感的地方,好像每个人都会变成诗人,多少人在内卡河畔汲取了创作灵感?从而使这座小城成为那个时代浪漫主义的神殿。

龙应台的小说有个煽情的名字:《在海德堡坠入情网》。但海德堡真的是一个适合坠入情网的城市。这里安静闲适,美丽的内卡河静静地流过整个城市,河上的老桥在夕阳下闪闪发光。山丘上的古堡沉着地俯瞰着这个美艳不可方物的城市已经有几百年了。

海德堡山冈翠绿,街道小巧清新,从山上望去,一片令人悦目的红坡屋顶就展现在眼前。

如果去海德堡观光,你实在不能拒绝海德堡缤纷的夏天。如果你乘

夏日海德堡

火车前往,火车离海德堡越来越近的时候,景色也会开始变得浓墨重

彩。游人会像是毫无防备的，一下子就进入了画中。然而，每时每地，都会有惊喜和熟识相伴的感觉。海德堡能触动每个多愁善感的异乡客内心中最柔软的部分。这与种族、国家无关，这是人性中所共有的东西，所以海德堡总会让人感觉与它似曾相识。然而它比想象中更好，哪怕是最细微的地方：一尘不染的林间小径，清新可人的篱笆墙，满眼暗色中突然跳入你眼帘的一朵红玫瑰……

海德堡整个城市沿内卡河的两边扩展开，最有味道的还是景点集中的老城区。老城区里有很多大学的部门和校舍，在这个区域，城市和大学都已经没有办法分开了。这里来往老街的学生们都有着

圣灵教堂

思想者的俱乐部——海德堡大学

朝气蓬勃的身姿，骑着自行车像风一样刮过。老城的主要街道从俾斯麦广场开始，其中有一段是车辆禁行的步行街。街道两侧密密麻麻都是精美的专卖店和餐馆、咖啡馆。浪漫骑士之家，正对着著名的圣灵教堂和市政府，有几个世纪的历史了，温暖、舒适，饱含老式的优雅。

海德堡曾是德国最著名的五大旅游城市之一，在20世纪60、70年代吸引了无数外国观光游客。90年代在德国各大旅游城市中受欢迎程度列第12，即使这样，海德堡的盛名还是在国际上不亚于德国境内任何一个大城市，没有一本世界文学史的教科书可以回避这座小城。

城外，还有古堡，远远看去外观气势依然，但实际上已经残旧得无法修复，处处是断壁残垣，杂草在墙上屋顶滋生。八个世纪的风霜改变了曾经风光一时的城堡！旧时的辉煌只能从残存的

海德堡古城堡遗迹

海德堡古城堡遗迹

历史回眸

走进科学的殿堂

卫士和神灵的石雕中,从博物馆里的图画中,去想象……除了时间是永恒的,什么是不变的呢?

这样的城堡古迹,贵在政府没有去修复。在城墙边的角落里,你可以一坐几个小时浑然不知。在高高的山上,你可以和古城堡一起,俯瞰山脉环拥中的海德堡市,一栋栋白墙红瓦的房屋点缀在绿丛之中,古老的河流静静穿城而过,夕阳映照,如诗如画,没有别的想法,只简单地希望太阳不要落到山那边去……

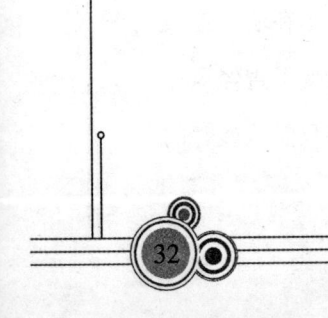

校园特色

思想者的俱乐部——海德堡大学

大学生监狱

海德堡大学迄今已有600多年的历史，和欧洲许多国家的大学一样，大学没有校园，也没有校门，一座城市就是一个大学城，大学的各系各科就散落在城市街道的大街小巷里。

提到监狱，我们会想到某人因为触犯国家法律而被关押起来的地方。也就是说，这种机构的所有权应该归属于国家的下属司法机关，总之不会想到学校。然而，在海德堡大学，你却会亲眼见到著名的"学生监狱"。那么，海德堡大学的监狱与国家的一样吗？它究竟有什么特别之处呢？

人们来到海德堡后会发现，在海德堡的大街小巷经常会看到路口有一块蓝色的指示牌，这种牌子上面标明附近有某个历史遗址或者名胜。让人吃惊的是，这

学生监狱

校园特色

走进科学的殿堂

块牌子上用德语写的是:"Studentenkarzer（学生监狱）"。顺着指示牌一路走去,便会找到所谓的"Studentenkarzer",这是一座很陈旧的小楼。小楼大门上方的小铜牌写着"Studentenkarzer"几个字。小楼四周一般静悄悄很安静。"Studentenkarzer"的大门紧闭。门旁有一个木牌,上面写着"按铃即开"几个字。轻轻按下门铃,门便会"吱呀"一声打开。走进去后,迎面是一个很大的天井,建筑格局与常见德国民居不太一样。进门左边的房间门是开着的,像是商店,实际上是卖纪念品的地方。

海德堡大学里著名的学生监狱是世界上绝无仅有的学生监狱,是专门用来处罚犯了过失的学生。凡是有酗酒闹事、打架斗殴等行为的学生,都将被罚坐两天到四星期的监狱。学生在监狱的关押不能超过一个月,伙食只供应水和面包,上课的时候还可以去上课。海德堡大学在1712年设立了这个学生监狱。其中最有意思的是,警察不揽入这个监狱,学生们在坐监狱期间,百无聊赖,于是就把坐牢的日期、原

学生监狱

因、牢骚、不满、感想等写在或画在墙面上。很快这个所谓的监狱就成了学生乐园。很多学生还想方设法故意违反校规,争取到这里来被"关

思想者的俱乐部——海德堡大学

押"。由此看来，海德堡大学的"学生监狱"还真的不同于国家监狱，并且这么受"欢迎"。

如果你想要进入学生监狱，需要走进一扇门，沿着狭窄的楼梯往上走。那是木质楼梯，如果一下子挤满了许多人，会发出"吱吱"的声响。上到二楼，迎面是满壁乱涂的字画，墙上涂着："嘿，我因顽皮而进了监狱！"当年学生天真直率的语言，真是令人忍俊不禁。

三楼才是真正的监狱，不过只有四间监房和一间厕所。每间监房内放置着一张铁床，还有一张桌子和一个板凳。监房很小，大概不到十平米。四面的墙上和天花板上，无不涂满了狂放调皮的字画，五颜六色，几十年都过去了，可这些字画仍旧清晰可见。不过怎么看这儿都不像是监狱，如果没有那些五颜六色的涂鸦，倒很像顽皮学生的宿舍。

学生监狱

校园特色

走进科学的殿堂

"这里的生活很棒,我非常喜欢,因此每次离开这里,我都感到心痛。真遗憾,这次的关押期限是 2 天,而不是 20 天。"这不知道是哪位调皮的学生写下的,可能这位学生已是这里的常客,他把处罚当成了享乐。看来无论是东方的学生,还是西方的学生,青春的叛逆实在无可压抑,学生永远是顽皮的,顽皮得迫使校方不得不采取监禁的手段来治理。

校园特色

学生监狱

但是,任何一所学校对顽皮学生的治理,是不可以采用这种方式的。大学私设监狱,是违反法律的,也是侵犯人权的。正因为如此,这所学生监狱的寿命很短,只用了短短的 2 年后,也就是 1914 年,校方就自行关闭了。

当人们走出学生监狱的大门,再看那座称之为监狱的建筑。除了临街的窗户，有几根铁棍封住了窗子外，其他的与邻近的建筑别无二样。从外表上看，很难让人想到它曾经是监狱。其实，作为学校设立的监狱和受惩罚的对象（学生），我们也会想到它肯定不同于国家监狱，有它相当人性化的一方面。

海德堡大学辉煌了几百年，却将这座有损其形象的监狱保留下来。监狱只使用了短短的2年时间，这2年时间在海德堡大学几百年的历史上，不过是弹指一挥间的功夫，可他们不仅完整地将监狱保留下来，还公开让世人参观，令人对日耳曼民族刮目相看，那就是德国勇于正视历史的体现。外国游客来到海德堡旅游，游客们不可能对海德堡大学留下太深刻的印象，也不会知道海德堡大学有那么多的诺贝尔奖获得者，但却记住了海德堡大学在历史上，曾有这么一所关押学生的监狱，出现过私设公堂惩罚学生的耸人听闻的事。

直到今天，海德堡大学的教职员工们对此举也未提出异议，学生监狱还依然保持原样，供世人参观。这是世界上唯一的一所学生监狱，过去是唯一的，现在仍旧是唯一的，将来也会成唯一。

走进科学的殿堂

浪漫胜地

无论是海德堡还是海德堡大学，都向人们散发着浪漫的气息。

海德堡，不但是莘莘学子向往的大学城，更是无数文人笔下的罗曼蒂克经典魅力之城。

校园特色

海德堡古堡

离学生监狱不远的地方是一家小咖啡店，这里曾经是海德堡大学的教授和大学生最爱光顾的地方。

思想者的俱乐部——海德堡大学

海德堡修道院的女学生在完成每个学期的学业后，也会在女学监的监护下到这个店来庆祝一番。在这里，她们常会碰到来放松消遣的男生。但是，严厉的女学监严格禁止男女青年之间的调情和交往。大学生们的焦虑被做甜点的男厨师看到了。于是，他制作了一块大学生接吻样子的巧克力甜饼，他想告诉年轻人，接吻的滋味就是这样的甜蜜。他把这个巧克力也送给了女学监，虽然女学监接受了"大学生之吻"的巧克力，但是并没有放松对女学生的控制，但"大学生之吻"这个故事却流传下来，成为海德堡大学浪漫传统的一部分。

舒曼

不知是因为这些名字太过耀眼，这段历史太不容忽视，还是歌剧《海德堡的学生王子》在美国太受欢迎，总之二战时，盟军的轰炸机略过了这里轻盈飞去，海德堡大学毫发无损地躲过了一场最可怕的劫难。

600多年的时光中，一代代的学生来了又走了，旧日辉煌却映照在内卡河里，清晰得如同昨日发生的事情。诗人艾欣道夫最爱在老桥边的酒馆里喝酒吟诗，他认为海德堡本身就是浪漫精神的凝聚，由此写下了关

走进科学的殿堂

于海德堡最为脍炙人口的诗歌;舒曼1825年步行至此,在这里找到了音乐灵感,奠定了以后的艺术道路;布伦塔诺和爱尔尼姆在此收集德国民歌,推崇民间传统和文化,由此掀开了19世纪德国浪漫主义的序幕;德国现代社会学的奠基人韦伯在此攻读法律,之后又在大学的经济系任教,著名的"韦伯圈"就是在内卡河边的韦伯旧居里饮酒畅谈的。

除此之外,黑格尔、迦达默尔曾任教于此;歌德在这里爱上了玛丽安娜,并写下了《西东诗篇》,又从此地去了魏玛;荷尔德林3次来此造访,雅斯贝斯在这里任教23年。到1979年已有7位诺贝尔奖获得者从这里走出……

校园特色

不到海德堡,你便实在难以全面理解德国的浪漫主义,也不会完全体味出海德格尔反复吟咏的荷尔德林的诗句:"人诗意地栖居在大地之上。"在德国西南部的奥登林山边缘,在一条莱茵河的支流内卡河畔,一座古老的小城依水而建。这个具有800年历史的小城只有14万人,但它迷人的风光因为青山绿水间的古堡、古石桥和白楼红瓦的城区而闻名于世,可以说像是一部充满了浪漫气

海德格尔

息和诗情画意的诗化哲学。

这是一座用语言无法描述的超出你想象的诗意城市，在二战时，连盟军的空军因为慑于它巨大的迷人魅力，而不忍投下炸弹，才使它幸免于战火的洗劫，给我们留下了这充满无限遐想的城堡、绿水和石桥。

许多人到这里来后，就感到进入了一个童话的世界。诗人歌德说他"把心迷失在海德堡"，马克·吐温在此学习德文和写作了著名小说《海外浪迹》，把海德堡说成是他"到过的最美的地方"，并且认为海德堡残破的城堡更有魅力，"残破而不失王者之气，如同暴风雨中的李尔王"。可是，残破的海德堡为何没有去修复或重建呢？这主要源于他们有一种美的价值标准，他们认为"建筑是残破的，记录的历史却是完整的。残破是一种美，失败也是一种价值，一种不朽的价值。应该勇敢地正视这种价值"（德国哲学家列维·斯特劳斯）。

许多时候，我们忘记了历史本身是一种真正之美，任何粉饰过的时间只能是一部虚构的荒诞，我们需要的是一种真实，而不需要看到那些巧夺天工的装饰材料。因为海德堡自从罗马帝国凯尔特人在此建筑了罗马军事要塞后，几百年间，无论是成为法尔茨选帝侯的官邸时期，一直以来未中断过争夺和战争，海德堡因此也饱受战争的创伤，幸运的是二战时幸免于难。所以后来还有一种说法，说盟军中的高层人士中有不少人曾毕业于海德堡大学，当然，这可能是人们的一种愿望性推测而已。无论如何，目前呈现在我们眼前的海德堡没有辜负我们的审美期待，它在绿荫的掩映之下，在蓝天白云的衬托之下，在绿水的滋润之下，在文化的盛名之下，向我们敞开着它的凝重、博大、浪漫、自由与和谐。

海德堡的黄昏

海德堡大学不禁孕育着浪漫的气息，同时还聚集着众多科学大师和哲学大师，他们不仅学术成就伟大，而且或多或少地沾染了浪漫的气息。在这座有着600多年历史的大学里，有7位诺贝尔奖的获得者：因提出电子论和阴极辐射现象的雷纳尔德，在蛋白质和核酸研究中取得巨大成果的阿尔布考索尔，有因研究维他命取得成果获化学奖的柯恩，因发现电子在光子放射时获得冲量的方法和宇宙射线中粒子运动以及核反应运动数据而

维蒂希

思想者的俱乐部——海德堡大学

获物理学奖的波特，还有杰生和维蒂希。另外还有一批著名的法学家，如蒂博、克鲁勃、扎哈利亚、温德沙伊德、凡格罗、耶利内克、安舒茨和拉德布鲁赫等，而拉德布鲁赫又是以价值相对主义闻名世界的法哲学大师。

如果说众多的科学大师成为海德堡强大的文化支撑和魅力构成，那么在此执教的那些哲学大师则是海德堡浪漫精神的灵魂。黑格尔、韦伯、海德格尔，他们走出的哲学家小道在今天已成了最引人向往的地方，成了人们心目中浪漫与思辨组成的哲学缩影和象征。走在这条哲学小道上，黑格尔、韦伯和海德格尔从不同的侧面和层次思索着世界、人类和社会，从这条小道上完全可以清楚地看到红绿相间的海德堡，可以听到河水的流动，他们正是在这里向人类贡献了杰出的哲学思想和智慧。黑格尔曾在1816年至1818年在此做过教授，主要讲哲学课，黑格尔是继康德之后最重要的哲学家之一，虽然他的哲学艰涩难懂，但对后世影响很大，至今仍然是一个难以超越的哲学高

海德堡大学的哲学小道

校园特色

45

峰。他认为在最好的思维中,思想是畅通无阻的,并且各种思想融会贯通,真和假不再是二元对立,真和假完全模糊了区别和对立的界线,也就是没有绝对的真,也没有完全的假,任何事物都不能局部地看,如果不考虑一个整体,便没有哲学意义上的真实。他说:"理性即对全部实在这种有意识的确信",并且认为实在性的问题是形而上学的问题,价值的问题是伦理学的问题。虽然罗素认为黑格尔的借逻辑推知事物性质的推论是一个错误,但黑格尔毕竟构建了他巍峨的哲学体系,至今还放射着让人难以企及的光芒。

在海德堡学术史的辉煌时期,韦伯经常组织各种沙龙,并积极参与当时的德国社会政治,常常对一些社会问题发表自己的见解或批评,因此韦伯在生前就具有广泛的影响,成为"海德堡的神秘传奇"效应的重要一环。尽管日后,有人对韦伯的社会学理论提出了许多批评,但作为一代综合性大师,他的综合性的创造是各种哲学史、经济学史、社会科学史无法省略的事实。他的许多经典名著如《经济与社

爱因斯坦

思想者的俱乐部——海德堡大学

会》等已在我国学术界逐渐形成影响，尤其他的价值中立学说对知识作为一个独立的社会批判存在具有坚定的现实意义。今天的德国给了这位大师很高的崇敬，许多城市都有"韦伯"街道或广场，成为与爱因斯坦、马克思一样对世界产生巨大影响的德国人的骄傲。

二战时期，这里依然保持了相对的学术独立。

马丁路德

众多的思想家、哲学家以自己的学术良知抵抗着来自纳粹的邪恶，成为唤醒价值、保护人类尊严的堡垒。这座开放的大学至今还有丁字形的大学广场，当年马丁路德和奥古斯汀曾在此进行过公开论战，于是一种自由的学术空气便流传至今。人们都知道海德堡的浪漫，因为它掩映在河水、绿树、红花之中，因为它是闻名于世的大学城，年轻的学子集中的城市自然

黑格尔

爱因斯坦

都是些浪漫和青春的元素。无论社会变迁，无论战争岁月，都无法挡住这自由、宽松的学术空气。这里没有大楼，只有大师，大师铸就了大学和城市的灵魂。它令人神往的是那深邃的哲学迷宫和留给我们的对于自由的永远热爱和追求。

德国哲学是一个充满了逻辑和思辨的大厦，并且一直在追寻着外部世界的秩序。然而在这种追求的沉浸中，理性的欲望吞噬了外部世界的所有事物，并把它们转变成理性和知识的消费对象，人与这个外部世界形成了一种危险的对立关系。在海德堡林中小道散步的哲学家海德格尔发现了"人通过和平地解除、改造、储藏和控制

思想者的俱乐部——海德堡大学

自然的能量就可以使人类境遇和人的存在对于每个人都成为可接受的，在一切方面都幸福，正是这种意图在人的本质中造成威胁"（《林中路》）。1935年，海德格尔在他的哲学讲座中，抛开了柏拉图、亚里士多德、康德和黑格尔，专门讲起荷尔德林的诗。从此以后，他便把主要的方向定性在阐释荷尔德林、里尔克和特拉克尔的诗歌之中，并且用一种诗化的哲学构建了自己的哲学体系，成为当代最伟大的哲学家之一。因为他通过借助诗人的一个个追问，解答了人们一直遗忘和被遮蔽的存在问题。在他看来，现代技术的发展已经对人的生存世界造成了重要危害，科学技术绝不只是一种历史的社会现象，它首先是一种世界观，即把人抽象出来作为一个能

柏拉图塑像

亚里士多德

校园特色

走进科学的殿堂

思维的主体,而把世界理解成这个思维主体的认识对象,理解为与人相对立的对象性实在。而海德格尔认为人的存在原根性在于居住活动本身,居住就是和平,就是自由,就是防止伤害和危险,也就是守护每一物的天性。

浪漫的城市,不仅有让人心生浪漫的风景,还有浪漫的人和浪漫的事。

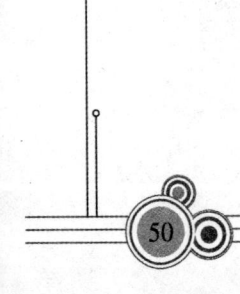

名人轶事

思想者的俱乐部——海德堡大学

黑格尔在这里诲人不倦

乔治·威廉·弗里德里希·黑格尔（1770—1831年），德国古典哲学的主要代表，客观唯心主义的集大成者，近代欧洲最著名的辩证法大师。他在人类哲学史上树起了一座丰碑。在他那里，形成了西方哲学史上最为庞大的客观唯心主义的哲学体系，在这个体系中包含着至今还让人惊奇不已的丰富思想，它们如璀璨的宝珠在人类思想的宝库中放出夺目的光彩，让后人在它面前赞叹不已。黑格尔一生中著作颇多，在知识领域中，黑格尔可以说是一个巍然屹立的巨人。

黑格尔

1816年10月，黑格尔巴登公国的海德堡大学担任哲学教授，接替弗里斯宣传无神论思想。这一转变不但是黑格尔梦寐以求的，而且对他作为学术活动家的生活道路影响也是深远的。在一定意义上可以说，海

走进科学的殿堂

德堡大学的哲学讲座实际上是柏林大学哲学讲座的阶梯。如果当时黑格尔应聘了埃尔兰根大学的语言学教授，今日的欧洲哲学史也许就要换一种写法了。

柏林大学

1816年10月28日，黑格尔在任海德堡大学教授的训职演说中公然声称"普鲁士国家就是建立在理性基础上的"。这其实就是公开承认普鲁士国家的合理性，当年的专制统治的反对派黑格尔现在开始为专制制度涂脂抹粉了。他的这种妥协倾向得到了普鲁士政府的赏识。

1817年瓦特堡的节目典礼上，大学生们痛斥暴政和反动派，把反动政治著作和一件普鲁士紧身制服，一条黑森士兵的发辫和一根奥地利下级军官的手杖作为反动的象征付之一炬。他们的一项最重要的要求是统一德国。大学生协会很快遭到德国政府的迫害和镇压。但黑格尔却从

思想者的俱乐部——海德堡大学

真正国家的概念的立场出发指责大学生协会，尤其指责它的左翼所进行的这种争取民主的努力。

然而，黑格尔并非是封建复辟派，相反的，他对当时的复辟思潮是极为反感的。1815年到1816年，符腾堡等级议会开展了宪法讨论，议员们要求恢复符腾堡的"美好的旧法制"。这就意味着要否定法国革命以及拿破仑战争这25年来符腾堡所取得的一切进步，重新倒退到中世纪的国家制度。1817年11月，针对符腾堡议会的议员们的复辟行为，黑格尔在一篇评论中尖锐地指出："他们什么也不曾忘记，什么也不曾学到。最近这25年是世界史上确实内容丰富的25年，对我们来说，是最有教益的25年，因为我们的世界和我们的观念就是属于这25年的，而符腾堡等级议会的议员们却好像是在沉睡中度过这25年似的。"

黑格尔

黑格尔的这段话不仅鲜明地表现了他的反对复辟的政治倾向，而且表明，他十分自觉地意识到他自己的思想是和法国革命以来这25年的历史事变血肉相连的。

黑格尔与海德堡大学和他的学生有着深厚的感情。在海德堡大学工

走进科学的殿堂

作时期，成为他一生中最重要的阶段。

黑格尔应聘到海德堡大学以及此后两年的教学，都受到卡尔·道布的多方面关照。两人共事的时间不足两年，但由于志同道合，却结成了终生的友谊。

卡尔·道布长于黑格尔5岁，从1795年起就已经是海德堡大学的教授了。他与黑格尔的相识、相知既是偶然，又是必然。1816年7月30日，道布在给黑格尔发出邀请书时，他们两人还从未谋面，可是信中却好像两位老相识在开诚布公地交谈。道布这样写道："我这样写信，好像我们两人已经认识很久了。然而，直至昨天除了从书目上，从序言上，我实际上并不认识您，或者说，只是从那些为糟蹋您而写的评论中来认识您。"

道布自认为是黑格尔学派中的一员，积极传播黑格尔的哲学

黑格尔

观点，费尔巴哈就是在道布的神学讲座上接触了黑格尔哲学，并转到柏林大学，改从黑格尔学习哲学的。

道布在信中对黑格尔寄予了很大的期望："倘若您肯就聘，那么海德堡大学自建立以来，第一次在您身上有了一位哲学家……哲学家带来勤奋，而名为黑格尔的哲学家还带来很多另外的东西。到现在此地和其

他各地都有少数人，从这里看到了一种预兆，这里面有着仅靠勤奋所不能得到的东西……深受尊敬的人，我就是把希望寄托在这上面，寄托在您对科学和科学复活的高尚热诚上面。现在，在德国各大学里，科学正僵化着。"

为了使黑格尔顺利应聘到海德堡，道布在黑格尔的薪俸报酬、待遇、住房条件方面又几次与有关方面磋商，尽量使黑格尔满意。

黑格尔在1816年8月20日的回信中对道布的信任与坦率感到由衷的高兴，他写道："我现在若能被看作是你们当中的一员，就应感到由衷的幸福与骄傲。我将以变得年轻的心情走向为一所大学和科学而献身，并且决不辜负您对我所表现的深情厚谊。正在成为现实的，不久和您，和我的其他好友们亲自相会的希望，使人不胜萦怀，每一想到海德堡，在我眼前就出现了友谊和愉快的景象。"

在附启中，黑格尔开诚布公地谈到"您在我的事情上操劳，以及您对在德国，在我们大学里哲学状况的关心都使我深为铭感……您对我迄今所做的工作的称许，以及您对我在一所大学里所起作用寄予的期望，都使我十分高兴。一个人在科学中所感到的孤寂，莫过于在哲学上所感到的孤寂了。我满怀渴望有一个生气勃勃的活动场所，也可以说，这是我梦寐以求的东西。我知道得很清楚，缺乏一个生气勃勃的活动场所，对我迄今为止的工作是多么不利。"

后来黑格尔又收到了埃尔兰根大学、柏林大学的聘书，虽然后者更使他动心，但既已承诺他人，一诺千金，黑格尔忠实地履行了他对这位从未谋面的朋友诺言，这或许就是古人所说的"信"。

黑格尔在海德堡大学讲授逻辑学、形而上学、法、哲学、哲学史、

人类学、心理学、自然法和国家学等课程。

上课之初，听黑格尔课的学生只有 4 名，后来逐步渐增加，20，30，一直多达 70 多名。黑格尔在这里受到了学生们的普遍欢迎和尊敬。

黑格尔思考问题专注，在海德堡留下了许多轶闻趣事。据说，有一次黑格尔思考问题在同一个地方站了一天一夜。还有一次，黑格尔一面沉思一面散步，天下雨了，他的一只鞋陷在烂泥里，他也没有注意到，只穿着一只袜子，继续往前走。做学问需要心静，酷似中国佛门中的悟"惮"，黑格尔完全达到了心灵上的这一境界。

黑格尔在海德堡时期的主要著作是 1817 年 5 月作为讲义出版的《哲学全书》。为了此书的出版，道布甘愿担负起黑格尔著作的出版校对这样琐碎的工作，他功不可没。《哲学全书》标志着黑格尔绝对唯心主义体系的最后完成。如果说，黑格尔在此之前的著作都是为这个体系所作的准备，那么，黑格尔自此以后的所有著述都不过是对这个体系的进一步的发挥。

《哲学全书》在 1827 年、1830 年两次修订、增补发表。黑格尔死后，他的学生又汇集多种笔记出版才构成黑格尔整个哲学体系的三大部分。《哲学全书》全面、系统地论述了黑格尔哲学思想、自然哲学以及社会政治伦理观点，这一著作可以说是黑格尔哲学的基石。在欧洲哲学史上，我们还难于找到第二个可以和黑格尔并肩的哲学家，以这样紧凑的形式，这样完整地把自己哲学的全部体系展示出来。

黑格尔正处于哲学把自己看作是科学的科学，梦想建立一个无所不包体系的时代。他本人也就是这一梦想的典型代表，他在哲学

的各个部门里都获得了丰硕的成果。然而每一部门，从精神现象学的哲学史，都能在《全书》中找到自己的恰当位置，并且它们都不过是全书相应部分的加深和展开。

在黑格尔全部著作中，《哲学全书》是他用力最多的一部。他一生亲笔写下并公开出版了4部书，而只有这一部是经过他3次修改的。这种严谨的治学之风不禁使人想起了中国古人的"斟酌"、"推敲"字句，语不惊人死不休！随着《哲学全书》的出版，黑格尔的"黄昏"来到了，他这只"密纳发的猫头鹰开始飞翔了"！（"密纳发"是希腊神话中智慧女神雅典娜的罗马名称。"密纳发的猫头鹰"或称"雅典娜的猫头鹰"一般比喻哲学家）

黑格尔的哲学体系是建立在批判康德的不可知论基础上的，他的客观唯心主义继承了柏拉图的"理念"论，核心是理念发展一切。具体分为三大部门：一是逻辑学，二是自然哲学，三是精神哲学。他把美学、历史、宗教、法律都归入了精神哲学。这就是他的美学在他哲学体系中的地位。

黑格尔在美学体系方面也有自己的建树。他的美学是建立在客观唯心主义和辩证法基

康　德

础上的，如果说康德是德国古典唯心主义美学的奠基人，那么黑格尔便是这一美学的集大成者。他的最大功绩就是将辩证法全面地运用到美学中去，但他的辩证法仅限于精神辩证法，而不是自然辩证法。他说自己研究美学的目的"不是为了刺激艺术创作，而是为了科学地认识艺术是什么"。他认为，绝对精神（即理念）在艺术中以直观形式认识自己，在宗教中以表象形式认识自己，在哲学中以概念形式认识自己。他的《美学》分为三部分：一是美学原理，二是艺术发展史，三是艺术种类。他使美学成为一门完整的系统的历史科学。

黑格尔的美学思想是符合现实主义的，他驳斥了各种形式主义、颓废主义和纯艺术论，把辩证法和历史观点应用于美学领域，大大开阔了美学天地。后人以他的绝对精神为出发点，发展了美学。

黑格尔美学思想的核心内容就是"美是理念的感性显现"。理念就是绝对精神，就是概念，他又称作"神"、"普遍力量"、"意蕴"，实际上就是指艺术的思想内容。理念是无限的，艺术形象是有限的，艺术就是在有限事物的感性形象中显现出无限的普遍真理，达到普遍与特殊、一般与个别、客观与主观、理性与感性等的和谐统一。他指出艺术创作就是使思想内容灌注生气，使自己的思想感情外化为作品，成为自己的对立面（作品），又从对立面中认识自己。他指出艺术美高于自然美，艺术美是自然与理想的结合。"自然"是指社会现实，"理想"是指形象体现的思想。由此他提出，如果先有理想，再找自然体现理想，谓之理想主义；如果从自然中看出某种理想，从自然中产生理想，谓之现实主义。他要求将平凡的题材变成不平凡的题材。要求塑造典型性格，在"这一个"中表现普遍意义，达到个别与一般的辩证统一。他认为决定性格的有三个因素：一是"一般的世界情况"，即社会背景；二是"情境"，即具体环境；三是"激情"，即人物的理想、态度和感情。性格是在情境与激情的矛盾冲突中产生和表现的，要求塑造出典型环境中的典型性格，使性格具有丰富性、鲜明性、一贯性这三个特征。对艺术家，他要求具备想象、天才和灵感，要有独特风格和独创性。

他把艺术发展划分为三个时期：最古的是象征艺术，用符号象征理念，它是"物质因素超过了精神因素"；其次是古典艺术，如古希腊的雕刻、神像，达到了精神因素和物质因素的统一；第三阶段是浪漫艺术，这是指西方的近代艺术，不等同于浪漫主义，它是精神因素超过了物质因素。黑格尔认为浪漫主义发展到极端地追求理想、激情，就会毁灭，最后艺术就要让位于哲学，人类就没有艺术了。他认为艺术发展是精神与物质斗争的结果。

黑格尔还根据显现理念功能的不同，区别了艺术的种类。他认为建筑是最低级艺术，代表了象征艺术；雕刻比建筑进了一步，代表了古典艺术；绘画、音乐和诗是高级艺术，代表了浪漫艺术。他认为诗是最高级艺术，诗才是真正的理念的感性显现。他说的诗是指诗、小说、散文，称"美文学"。与"美文学"对立的是"硬文学"，包括科学、哲学、历史，他称为散文。黑格尔从认识方法、思维形式、语言使用三方面区别了诗和散文，即艺术与哲学、科学的不同。他又把诗分为史诗、抒情诗和戏剧三种，分别论述了各自特点,认为史诗偏重客观,风格是冷的,抒情诗偏重主观,风格是热的,唯有戏剧达到了主观与客观、热和冷的结合,是诗中的高峰。

黑格尔对亚里士多德的悲剧理论立意在故事情节,旨归却在伦理观念上的悲剧观作了一些重要的修正。事实上,道德观念与悲剧的联系在黑格尔那里均得到了进一步的强调。他指责亚里士多德的净化说缺乏"明确的形式和实体性的目的",没有把净化"和内容的原则联系起来,因为内容的艺术就是为了净化这些情感用的",因而缺少一个标准来衡量它是否有价值。这就是说,悲剧给人以教益要看内容如何。黑格尔把进步的内容放到了第一位,并强调了艺术起教益作用的特殊方式。同亚里士多德一样,黑格尔也认为悲剧人物双方都有罪过,但他认为这种罪过乃是为了维护和实现真理,才作为一种结果由不可避免的矛盾冲突造成的。因此,黑格尔认为悲剧的终极目的在于表现永恒正义的胜利。黑格尔的"冲突论"包含三种

亚里士多德

情况:一是自然本身造成的;二是自然条件引起心灵的冲突,如阶级关系、金钱地位、家庭矛盾等;三是由于黑格尔以精神理念为本源,认为根本冲突应来自心灵本身,真正理想的悲剧性冲突即是由心灵本身的分裂引起的冲突,自己设置自己的对立面,再通过对这

个对立面的否定，进而达到否定之否定，即统一。这种统一又靠他著名的和解论来实现：悲剧人物代表的理想是"一些不同的对立的目的"，冲突双方各有其片面的真理，又都有自己的过失。这样，"双方都在维护伦理理想之中，而且就通过实现这种伦理理想而陷入罪过中"。这是因为"在这样一种冲突里，对立的双方，就其本身而言，都是合理的，可是从另一方面来看，双方只能把自己的目的和性格的肯定的内容，作为对另一个同样合理的力量的否定和损害予以实现。结局就是它们在伦理的意义上，并且通过伦理意义来看，全都是有罪的"。由此可见，黑格尔的悲剧理论可说是起于伦理，也终于伦理。悲剧中的典型冲突是两个同等的伦理观念的冲突，抉择不在于一善一恶之间，而出于善良与善良的对峙。古希腊悲剧《安提戈涅》因为其极强的伦理张力而被黑格尔视为悲剧的典范。安提戈涅违背国王禁令为兄收尸，是尽兄妹之情，而国王处死她是依国王的王法，所以安提戈涅被依法烧死。国王儿子因她是自己的情人，因而也自杀。这两者均是罪有应得同时又都是合理的。

把悲剧冲突的根本动力归结为矛盾冲突是黑格尔在西方文论史上最富革命性的创举。毫无疑义，这一观点大大超越了亚里斯多德那种带有随意、偶发成分的过失论。但黑格尔的悲剧定义又确乎是太过严格与机械了，他的悲剧精神几乎无法适合所有现存的希腊悲剧。这就是布莱德雷在《为诗而诗》中所证明的黑格尔理论的伸缩性，"不像一般人所说的那样：黑格尔只是强调悲剧描绘两个伦理力量的冲突，如家庭及国家。他还加上别的力量，如爱情、荣誉，及各种普通的人生目的。我们甚至可以说，在他的有关悲剧的一般

陈述里，也照顾到许多别的情况"。但布莱德雷承认黑格尔未能了解更多的因素被牵涉在内，悲剧不仅仅关乎宇宙的道德结构。尽管如此，黑格尔的悲剧观的影响还是深远而持久的。1922年，佛莱在《浪漫故事与悲剧》一书中阐述了他的与黑格尔类似的悲剧观。像黑格尔一样，他仍以伦理抉择为悲剧的中心，他对悲剧作如下的定义：悲剧，基于肯定宇宙的道德秩序。悲剧英雄的陨落会在刹那间搅乱这个秩序，观众或读者感觉惊愕。最终悲剧会产生这样效果，我们觉得应该发生的，与事实上真正发生的，两者南辕北辙如此不成比例，以致观众会产生晕眩。佛莱称之为"道德的昏晕"。佛莱又认为在真正的悲剧中，"道德的昏晕"必然会被克服，英雄的陨落肯定了道德秩序，虽然在当初一阵的惊愕中，这个秩序濒于崩溃，悲剧作家必须强调道德秩序最终的不可动摇。我们可以看出，佛莱对悲剧伦理性的严格要求，实在是有过之而无不及了。

在诸多方面成就卓著的黑格尔值得海德堡师生怀念，值得让全世界人怀念。

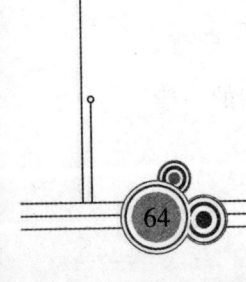

思想者的俱乐部——海德堡大学

韦伯和著名的"韦伯圈"

马克斯·韦伯,德国著名社会学家,政治学家,社会理论家,也是现代一位最具生命力和影响力的思想家,社会学创立以来最伟大的社会学家之一。公认的社会学三大"奠基人"之一(其他二者为卡尔·马克思与爱米尔·杜尔凯姆,早期流行的另一说为马克斯·韦伯,埃米尔·迪尔凯姆,格奥尔格·齐美尔)。他对西方资本主义社会的影响是巨大而深远的。他开创了比较社会学、理解社会学的基本研究方法,指出了理性对于近代资本主义社会的潜移默化的影响,系统的阐释了东西方宗教伦理差异对于社会现代性以及现代资本主义发展的影响,他和迪尔凯姆被认为是宗教社会学最早的开创者,也是宏观社会学的集大成者。其学术成就之宏大精深,影响

马克斯·韦伯

之深远，在社会学界乃至整个世界社会科学理论体系上都是空前绝后的。

1864年4月21日，马克斯·韦伯生于德国图林根的埃尔富特市。他的父亲是出身于威斯特伐利亚纺织业实业家兼批发商家庭的一位法学家。1869年他携眷迁居柏林，后来成为柏林市议会议员。他的母亲海伦妮·法伦斯坦-韦伯是位很有文化修养、热衷于宗教和社会问题的妇女。她在1919年去世。她对她的儿子影响很深，使他对宗教具有炽热的感情。

青少年时代的韦伯平淡无奇，既没有显示出早慧和睿智，又没有学业上的勤奋和刻苦。一直到韦伯进入海德堡大学读法律时，他还同那些浮躁浅薄的少爷学生没什么两样。据说，他们的通病就是学得少，玩得多，看书少，喝酒多。在和那些学生的胡闹中，韦伯自己也上过决斗场，还差一点用剑把脸划开。不过，情况很快有了变化，在他服了一年兵役后，可能是受军队严格纪律的影响，当他再次返回校园时，刻苦用功，同以前的吊儿郎当判若两人。

经过几年的努力，韦伯不仅拿到了博士学位，而且谋取到了大学教职。从此开始了他的学术生涯。但好景不长，他同自己严厉的父亲关系一直较僵，在海德堡，两人发生了剧烈争吵。不久他父亲暴卒，使他非常悔恨和内疚，导致自己精神失常。有人说，如果弗洛伊德能够与韦伯碰面，绝对能有所收获。疾病的折磨使韦伯放弃工作去度假。他到处旅游，1904年，他到了美国。这块大陆上的生机勃勃和社会平等，使他转向了社会学。美洲的启发，孕育出了他的名作《新教伦理与资本主义精神》。从此，他在社会科学各个领域到处耕耘，法律、历史、经济、

文化、社会、宗教、政治等等，似乎任何一个领域都是他的专长，近代科学的专业分工在韦伯那里失灵了。

读过管理学教科书的人，都不会对韦伯陌生。但有一个非常特殊的现象似乎被人忽略了，就是有一些对管理学贡献巨大的大师级人物，却置身于管理圈外。反过来，还有一些本来是在管理学圈内造诣颇深的人物，最终却"移情别恋"也走出了管理学的边界。前者如社会学家韦伯，后者如由决策理论转向人工智能的西蒙。这种现象，在一定程度上反映出了管理学的与众不同。

马克斯·韦伯作为20世纪初期德国最伟大的学者之一，按照他自己的观点，他的学术研究范畴属于社会学，后世也公认韦伯是现代社会学奠基人之一。其实他的学术贡献并不限于此，韦伯在学术上的贡献可以说是全方位的，在多个学科都有广泛而深远的影响。除了社会学以外，哲学、政治学、经济学、法学、管理学、历史学，乃至宗教与艺术等多个领域，都有韦伯的大名。就连中国的《史学理论》杂志，都开辟了韦伯专栏。仅仅以管理学领域而言，找不出一本不提韦伯的管理学教科书。可以说，韦伯关于社会组织的理论及其研究方法，已经成了管理学不可或缺的基础之一。凡

法约尔

走进科学的殿堂

是谈到管理学发展历程的地方，都把韦伯和泰罗、法约尔并列。古典管理学时期的这三位大师各有特色。如果说，泰罗是以新教徒的执着和认真，把企业管理导向科学，法约尔是以高瞻远瞩的睿智，构建了管理学的宏观大厦，那么，韦伯就是哲学家式的冷峻和严密，创立了组织理论。这三位，都无愧于管理学界的大腕称号。

韦伯年代的德国，正处于由传统社会向工业社会的过渡之中。1871年刚刚统一的德国，在欧洲大陆上高歌猛进。拿列宁的话来说，"1871年以后，德国实力的加强要比英法快三四倍"。然而，德国的近代工业后面却拖着一条军国主义和容克贵族的尾巴。这种情形，正如亚当·斯密时代的英国，纺织业的迅猛兴起和对自由贸易的渴望受到重商主义的抑制一样。斯密的理论，摧毁了阻挡英国发展的障碍——重商主义的国家干预政策。韦伯的贡献，也正是以专业化的工具理性，打破了德国的传统经济制度和政治控制。正是在这一意义上，美国的管理学家丹尼尔·雷恩把马克斯·韦伯誉为德国的亚当·斯密。

韦伯的成就在学术，但他本人的志向却不在学术。他一直热衷于现实政治，从他写的大量关于德国现实的评论

亚当·斯密

和文章就可以看出，他渴望从政而且充满了自信。但政治却不待见他。第一次世界大战后，他满怀信心参加德国民主党，并竞选党的地方领

袖，结果坚信自己能取胜的韦伯却被当地的一个无赖宵小击败。即使在学术上，他也由不得自己。他最拿手的是社会学，但慕尼黑大学在聘任他为经济学教授时，在聘书中明确要求他不得在大学讲授社会学课程。韦伯只能听从这种命运安排，同时又不甘心。好在大学的自由度较大，使他能够给学生在讲授经济学时不断夹带他的社会学思想。

虽说人们并未给马克斯·韦伯冠以管理学家的桂冠，但他的社会学

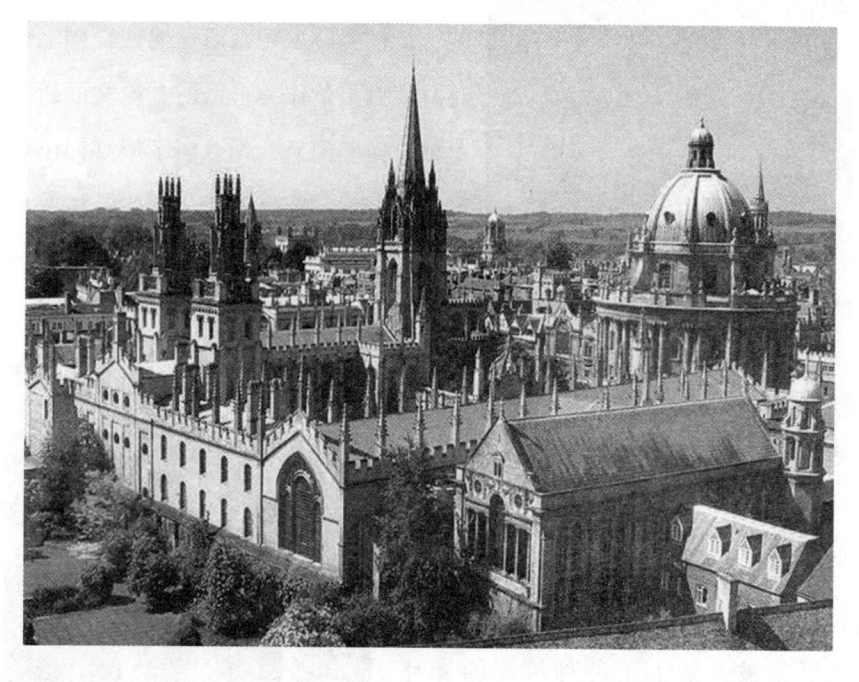

慕尼黑大学

研究与管理密切相关。他提出的权威理论与官僚制组织理论，奠定了现代组织理论的基础。不管是现代企业组织还是政府组织，不管是管理体制还是管理思想，现代管理学深深打上了韦伯的烙印。管理离不开组织，韦伯的组织理论，构成了管理学的基石。所以，有人把这位大师称

为"组织理论之父"。

韦伯的学术影响是在他死后形成的。他的夫人玛丽安娜坚信自己丈夫的学术成就是非凡的,不遗余力地出版介绍韦伯的著作,但并未引起当时人们足够的重视。真正把韦伯推到大师地位的,是社会学家帕森斯。他在德国上学时,就以韦伯作为自己博士论文的研究对象。回美国后,帕森斯不但翻译出版了韦伯的《新教伦理与资本主义精神》,而且在自己的结构功能主义成名作《社会行动的结构》中系统介绍了韦伯的思想。此后,韦伯在全世界有了越来越大的影响。反过来,这种"出口转内销",又引发了德国对韦伯研究的热潮。历史在这里又开了个玩笑:韦伯的理论致力于"祛魅",但他自己在身后却被人加上了种种耀眼的光环。"天才"、"学术巨匠"、"一代伟人"等等头衔数不胜数。包括给韦伯写传记的哲学家雅斯贝尔斯也认为,韦伯是历史上最伟大的学者。研究韦伯的著作连篇累牍,甚至韦伯与弟媳爱尔莎之间的

帕森斯

卡尔·波普尔

"柏拉图式"爱情也成了学术题目，可见人们对他多么重视。

韦伯在学术上的深远影响，从科学研究方法论的讨论和发展上就可以看出。20世纪60年代，一些世界级的跨学科泰斗们展开了一场关于社会科学方法论的论战，长达十年之久。其中最有名的，包括科学哲学大师卡尔·波普尔与法兰克福学派创始人阿多诺（他曾以说出"奥斯维辛之后写诗是野蛮的"警句而闻名）争论的社会科学逻辑问题，社会学大师帕森斯与马尔库塞争论的社会学"价值中立"问题，德国社学会学会主席达伦道夫和绍伊希、阿多诺争论的后资本主义社会问题。这些重大争论，有的是直接来自韦伯的命题，有的是间接受韦伯的影响。可以说，韦伯的思想在当时引起了整个社会科学的一场风暴，而且一直波及到现在。

法兰克福学派创始人阿多诺

走进科学的殿堂

有社会组织的地方就有统治和管理，有统治和管理就得有统治的道理，人们服从统治的道理就构成了权威。任何一种组织，都是以某种形式的权威为基础的。权威能消除混乱，带来秩序，实现组织目标，推进社会发展。马克斯·韦伯是对权威进行理论剖析的第一人，他对权威进行了历史的考察，认为正当的（或称为合法的）权威不外乎三种历史形态。即传统型权威、魅力型权威、法理型权威。韦伯认为，组织与权威的关系密切，任何一种形式的组织都以某种形式的权威作为基础，没有权威，组织就失去了其存在的条件，这即就是著名的权威理论。

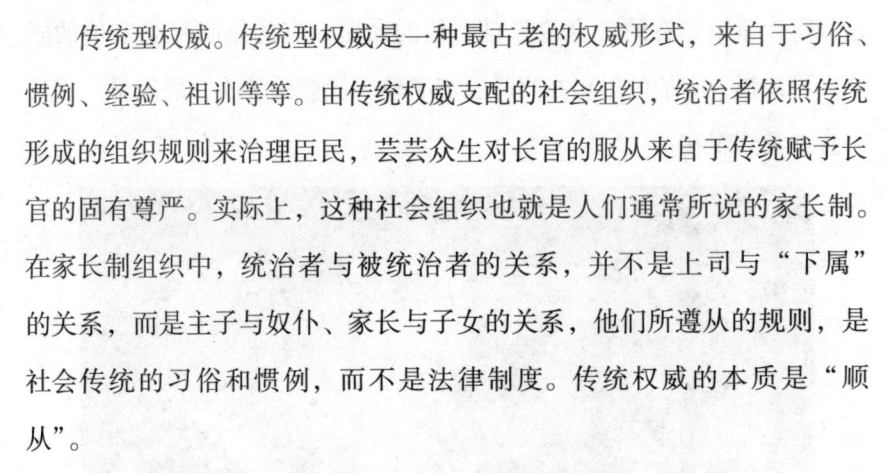

传统型权威。传统型权威是一种最古老的权威形式，来自于习俗、惯例、经验、祖训等等。由传统权威支配的社会组织，统治者依照传统形成的组织规则来治理臣民，芸芸众生对长官的服从来自于传统赋予长官的固有尊严。实际上，这种社会组织也就是人们通常所说的家长制。在家长制组织中，统治者与被统治者的关系，并不是上司与"下属"的关系，而是主子与奴仆、家长与子女的关系，他们所遵从的规则，是社会传统的习俗和惯例，而不是法律制度。传统权威的本质是"顺从"。

传统型权威支配下的社会组织有三种亚形态，即族长制、世袭官僚制与封建制。族长制是传统权威统治的最初级形态，起源于氏族社会，但它大量存在于各种社会形态之中，即便现代社会中也不乏这种组织形态的存在。各种家族制企业、乡土社会组织以及初级形态的帮会等等，仍较多地拥有传统权威特征。世袭官僚制与封建制是传统型权威的两种进化形态，是社会组织在发展过程中规模扩大与制度细化的结果，是由氏族组织向国家及其他大型组织转变时出现的更高级形态。法理型权

威。法理型权威又可称之为法定权威，建立在相信规章制度和行为规则的合法性基础之上。法理型权威以规则为统治的出发点和最终的归宿点，只有根据法定规则所发布的命令才具有权威，人们普遍遵守规则、信守规则，规则代表了一种大家都遵守的普遍秩序。法律和规章有契约式的，也有强制式的，但是，法理权威的形成依赖于法律和规章表现出来的理性。"通过协议的或强加的任何法都可能以理性为取向，即目的合乎理性或价值合乎理性为取向（或者两者兼而有之），并制订成章程，同时有权至少要求团体的成员必须尊重它。"正是这种从理性所衍生出来的规则成为法理型权威所赖以存在的基础。

法理型权威是由传统社会走向现代社会的必然产物，是理性追求的体现。相对传统权威和超人权威，它最稳定且最有效率。这种权威下的组织关系是法定的，组织的行为规则体现了理性。因此，它在现代社会最为普遍，其他两种权威最终会向这种权威演变。

魅力型权威。魅力型权威又可称之为超人权威或神授权威，它建立在非凡人格、英雄气概、创业奇迹的基础上，也就是说它来自于对领袖个人魅力的崇拜。所谓魅力，也就是一个领袖人物的超越凡俗的品质，它可以是不同凡响的气质、人品、性格、学识、智慧和能力，也可以是凡人不能理解的神授魔力。具有魅力权威的领袖人物，必须拥有某种超人类甚至超自然的，也是其他人无法企及的力量或素质。超人权威的本质是"敬仰"。魅力型权威的核心是个人崇拜，这种组织所依赖的往往是某种信仰，而不是强制性因素。所以，要维持个人崇拜组织的生存发展，领袖人物就必须不断地以某种新的方式来表现出他的魅力。就如同现在体育明星、演艺明星一样，只有不断地创造出新的奇迹，为"粉丝"提供新的刺激，才能保持崇拜者的兴奋和激情，否则"粉丝"就不会再崇拜他们。因此，这种权威是最不稳定的，也是不能持久的。一般来讲，伴随着领袖魅力的失去，这种个人崇拜组织就会转化为传统型组织或法理型组织。这种转化过程，即社会学中常说的"祛魅"。

韦伯的权威理论，从学术上理清了人类社会权威的头绪，对繁杂的权威现象进行了类型学论证，试图揭示权威背后的本质含义。不管是赞成韦伯观点的，还是反对韦伯观点的，在此后的学术研究中，都跳不出韦伯构建的权威体系。甚至在有关权威的术语上，三种权威的词汇和表述都成为后人很难超越的范式。管理离不开权威，所以，管理学研究也就离不开韦伯。可是，让人觉得有趣的是，在管理学著作中，对韦伯介绍的详细程度，同著作的普及程度成反比，同著作的学术深度成正比。也就是说，越深入研究管理学，就会越发觉到韦伯的重要性。

韦伯对人类社会权威的理论研究，在逻辑上的引申就是组织理论。雷恩在自己的著作《管理思想的演变》一书中提到这样一句话："韦伯是对组织结构进行正式分析的明智的前辈。他想设计一个有关权力和活动之间的关系且有助于实现组织目标的结构蓝图。"韦伯的著作，是其他管理学家对组织进行正式分析的重要依据。例如，亚利桑那大学的登哈特在他的《公共组织理论》一书中，关于组织的思想传承专辟一章，只提到了卡尔·马克思、马克斯·韦伯、西格蒙德·弗洛伊德三个人。所有的管理学著作，都绕不开韦伯的组织理论。从这个意义上来说，韦伯被誉为"组织理论之父"。

韦伯的三种权威，使组织呈现出三种不同类型。传统型权威所构成的家长制组织，不是建立在成文规范和法定程序的基础之上，而是建立在人身依附式的个人忠诚基础之上，这种组织的内部关系是一种主仆关系。这种组织的统治者拥有绝对的权力，但这种权力被惯例和习俗所限制。农业社会中的各种组织，基本上都属于这种类型。魅力型权威所构成的个人崇拜组织，基本特征是没有程序规则，缺乏等级和部门分工，因而没有稳固的制度基础，不可能持久。这种权威依靠"克里斯玛"即超凡魅力而形成，所以是一种不稳定的情感式组织，往往产生于动荡不安的社会之中，在革命时期或转型时期常常出现。法理型权威所构成的官僚组织，建立在人们对规章体系的理性信任基础上。所谓"官僚"，是指这种组织的成员是专门化的职业管理人员而言，并不含有一般语境中使用"官僚"一词的贬义。为了避免误解，有些学者把韦伯所说的官僚组织，改称为科层组织。韦伯认为，在近代以来的资本主义社会中，官僚组织是对大规模社会群体进行有效管理的基本形态。

韦伯指出，在这三种组织类型中，只有传统组织和官僚组织才有相当程度的稳定性。个人崇拜组织与这两种组织差异非常大，它可以破坏一个旧世界，却无法建立一个新世界。因为无法保持领袖人物魅力的历久弥新，或者领袖人物的隐退去世等等。个人崇拜组织从诞生之日起，就不可避免会衰败。举例来说，宗教组织在其创立时必须依赖于领袖的神圣光环，但要将信徒对领袖的顶礼膜拜常规化，一旦形成了教义和规则，它就开始转变成传统组织。古代王朝的创立时期，常得益于某个具有超凡魅力的领袖，人们信赖他那种拯救社会的神力，对乌托邦式美好世界的追求形成对领袖的拥戴，并焕发出"打江山"的动力。而一旦转入"坐江山"，就得实现权威的转变，把神力变成传统，制定典章制度，个人崇拜组织随之平凡化，变成传统组织。

走进科学的殿堂

传统组织与官僚组织在外观上看起来很是相似，但实质上有很大不同。在官僚组织中，由制度规定组织层级、部门划分、职位设置、成员资格，能够形成非人格化的层级节制体系和部门结构，组织成员是否胜任仅仅取决于他的能力，而不是取决于他对组织领袖的个人忠诚和个人依赖。传统虽然也有规章体系，但它的典章来自传统习惯，组织成员之间的关系是建立在个人关系、喜好偏爱、社会特权的基础之上。因此，传统组织中有法律制度，但没有法理权威。按照韦伯的说法，这种组织的司法是不规则的，组织运行缺乏工具理性。

官僚组织建立在法理权威之上，它的合理性来源于三个方面：①组织的劳动分工体系；②调节成员关系和行为的规范秩序；③对个人自利追求的激励和制裁体制。这种组织的形式、结构和运行机制，表现为高度理性化的法律规章和制度体系。它的理性是一种工具理性，具体表现为它仿佛一架精心设计的机器，具有精密的结构设计，从而具有特定的功能，功能的发挥是依靠所有部件的紧密咬合和秩序协作而完成。官僚组织充分地体现了现代资本主义精神，它的追求是通过稳定的、有秩序的分工合作且运作协调的组织体制来谋求效率。所以，效率是官僚制的核心，法治是官僚制的灵魂。韦伯认为，从纯粹技术的角度看，官僚组织能够取得最大效率。而从工具理性角度上来说，这种组织是进行社会管理最合理的手段。官僚组织在精确性、稳定性、严格的纪律性、可靠性等方面，比其他组织形式都要优越。资本主义的发展，使大规模社会组织迅速成长起来，官僚组织是人类迄今发现的管理大型组织的最好模式。相对于传统组织和个人崇拜组织来说，官僚组织的实质，就是抛弃人治、实现法治、屏蔽情感、崇尚科学。

人们对韦伯所描述的官僚组织有多种概括，但最主要的内容，包括以下几点：

（1）专业化分工。分工原则是亚当·斯密在《国富论》中首先提出来的。可以说，亚当·斯密的经济学大厦的基石就是劳动分工。但是，韦伯则是从社会学意义上探讨分工问题，他把专业化和人类理性紧密联系起来。从亚当·斯密到韦伯，分工的意义也从劳动效率发展到社会结构。韦伯的官僚组织，强调组织中根据专业技术的分工和人类理性的关系。分工的实际意义，不仅仅在于斯密强调的提高效率，而且在

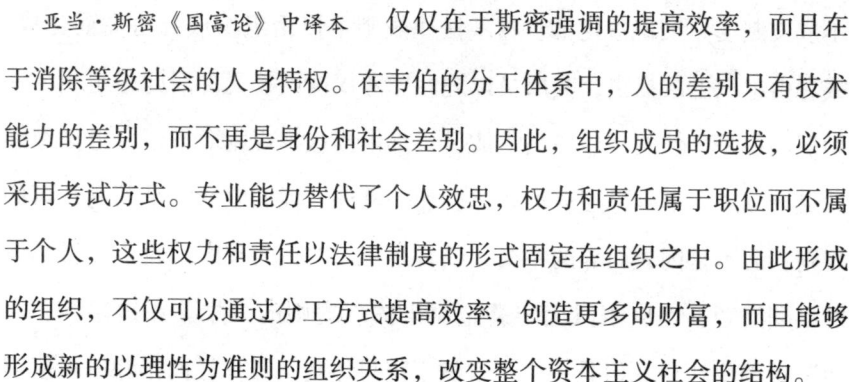

亚当·斯密《国富论》中译本

于消除等级社会的人身特权。在韦伯的分工体系中，人的差别只有技术能力的差别，而不再是身份和社会差别。因此，组织成员的选拔，必须采用考试方式。专业能力替代了个人效忠，权力和责任属于职位而不属于个人，这些权力和责任以法律制度的形式固定在组织之中。由此形成的组织，不仅可以通过分工方式提高效率，创造更多的财富，而且能够形成新的以理性为准则的组织关系，改变整个资本主义社会的结构。

（2）等级制。等级制自古就有，而韦伯的官僚组织等级制与众不同。官僚组织中的职位，按权力大小和"命令—服从"关系，形成金字塔形的等级序列。这种等级制同以往的社会分层有着实质上的区别。以往的社会分层，如国王、贵族、自由民等等，是按人格身份形成的。

官僚组织中的等级制，则是按组织权力形成的。这种权力摆脱了对人身的依附，其实质是专业技术和知识差异。所以，这种等级制排除了古代和中世纪普遍存在的特权。在中世纪，家道中落而穷困潦倒的贵族大爷，可以在精神上傲视那些珠光宝气却俗不可耐的下层暴发户，在物质上享有平民无法企求的各种优待。但在官僚组织中，这种依赖于社会等级形成的上下悬隔不复存在，是制度而不是身份赋予等级权力。在韦伯的官僚制组织中，成员有职权的高低大小之分，但却没有身份地位高低贵贱的区别，正是官僚制打破了传统农业社会中森严的社会等级，为建立近代以来的人人平等的契约型社会创造了先决性的条件。

（3）对法理化规则的遵从。在韦伯的理想状态中，从官僚制组织的构建形成、部门分工、职位设置、成员选拔，一直到组织的运作，每一个成员的权力和责任，都是由法律制度（不光包括成文制度，也包括不成文制度）明确规定的。这些法律规则可以由组织成员协商而达成，或者由组织上层提出，其成员以理性思考权衡而接受。因此，组织的一切规则都是理性的。任何组织成员，都依据这种规则而行事，上至组织的最高领导，下到基层普通职员，无一例外。他们服从的是共同认可的规则，而不是因人而异的举措，或者是个人的偏爱喜好。就连非常具体的报酬问题，也应当以固定薪金制来体现规则的力量。在这里，"人治"被彻底摒弃。但是，由于官僚组织只体现工具理性而排除了价值理性，所以，官僚组织从本质上来说是行政的或执行的工具，而不是政治的或情感的载体，所以，技术官僚不是法规制度的最终渊源，它必须服从于民选的政治领袖或拥有所有权的更高主人（如股东）。这种官僚组织，实际上必须建立在所有权和经营权分离的前提上。

（4）非人格化。在韦伯眼里，官僚组织是规章的体制，而不是个人的体制。所以，官僚制是排斥个人魅力的。组织的运行不依个人的意志为转移，不受个人感情的支配。理性化的另一种表述，就是非人格化。官僚制改变了传统社会中的人身依附和个人忠诚，职业官僚接受上级的指挥和命令，是因为他们要服从法律和规则，而不是服从命令者本身的人格魅力感召，或者是服从附着在他身上的身份地位，更不是服从由传统习俗决定的社会等级。尽管韦伯自己也不讳言，这种完全排除了情感的官僚组织，会使组织变成冷冰冰的机器，会产生人的异化。但是，我们尚无法找到比它更好的组织模式。韦伯也承认官僚组织的缺陷，他曾试图探讨以个人魅力来校正官僚组织的异化，但他未能完成相应的研究。

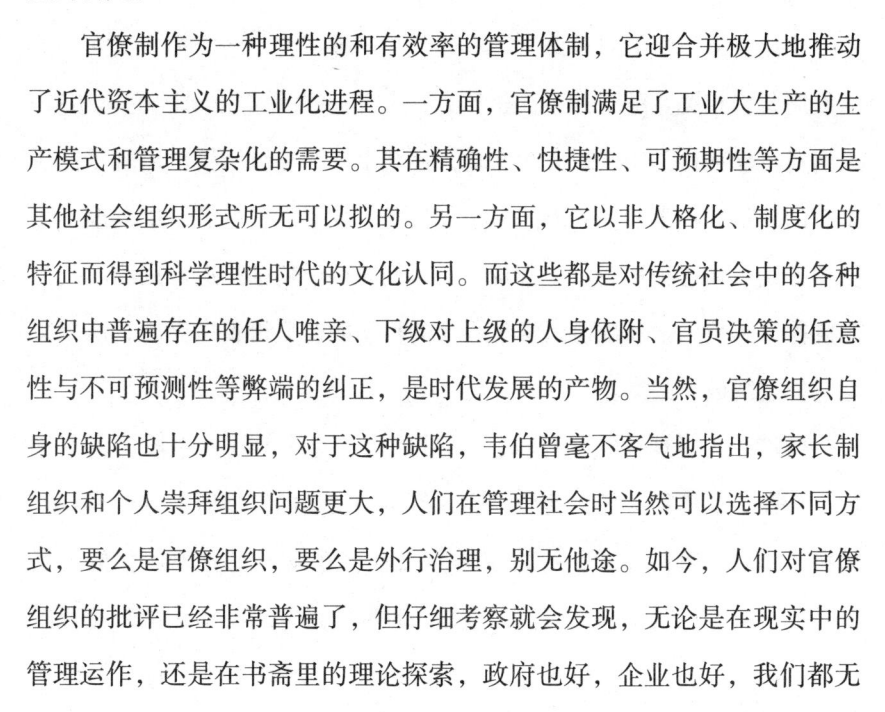

官僚制作为一种理性的和有效率的管理体制，它迎合并极大地推动了近代资本主义的工业化进程。一方面，官僚制满足了工业大生产的生产模式和管理复杂化的需要。其在精确性、快捷性、可预期性等方面是其他社会组织形式所无可以拟的。另一方面，它以非人格化、制度化的特征而得到科学理性时代的文化认同。而这些都是对传统社会中的各种组织中普遍存在的任人唯亲、下级对上级的人身依附、官员决策的任意性与不可预测性等弊端的纠正，是时代发展的产物。当然，官僚组织自身的缺陷也十分明显，对于这种缺陷，韦伯曾毫不客气地指出，家长制组织和个人崇拜组织问题更大，人们在管理社会时当然可以选择不同方式，要么是官僚组织，要么是外行治理，别无他途。如今，人们对官僚组织的批评已经非常普遍了，但仔细考察就会发现，无论是在现实中的管理运作，还是在书斋里的理论探索，政府也好，企业也好，我们都无法跳出韦伯的组织模型窠臼。

社会行为是韦伯社会学里的一个最基本的概念，他用了很大的篇幅进行了严密的论证。在韦伯看来，社会行为的存在总有它存在的合理性前提，我们所能观察到的社会行为，不外乎是由以下几种追求决定的：第一，目的合乎理性（即工具理性）；第二，价值合乎理性；第三，情绪的尤其是感情的需要；第四，约定俗成的习惯。韦伯把决定社会行为的这四种因素都归之于理性（即合理化）。而这四种因素又分属于主观的和客观的。价值合乎理性与情感合乎理性，属于人们的主观性的判断，是主观的理性；目的合乎理性与习惯合乎理性，不会因个人的主观性因素而改变，属于客观的理性。社会行为具有理性，管理当然也要追求理性。

相比之下，韦伯明显偏爱工具理性。这种偏爱，同资本主义大工业的发展紧密相关。随着社会的进步，尤其是近代科学技术的突飞猛进，人们对自然和社会的认识大大深化，社会生产和经济结构也出现了前所未有的变革。科学改变了人的思想，技术改变了物质世界，机器改变了劳作方式。在这种社会历史背景下，人们对科学精神的追求成为时代的主旋律，感情因素和价值因素在强大的科学面前显得苍白无力，所以去除它们也就成了必然。

所谓"工具理性"，就是通过实践的途径确认工具（手段）的有用性，从而追求事物的最大功效，为人的某种功利的实现服务。工具理性的核心是对效率的追求，所以资本主义社会在发展工业现代化的道路上，追求有用性就具有真理性。这是一种时代的需求，韦伯的理论反映了这种需求，同时也适应了这一历史性诉求。与韦伯同时代的"科学管理之父"泰罗、法国管理大师法约尔，在他们的管理学体系中，无不体现了对工具理性的追求。相形之下，在古典管理学时期的这三位大腕中，韦伯对工具理性的研究最为透彻。

工具理性的优先地位，至今在学术界不可动摇。价值理性的实现，必须以工具理性为前提。在政治学里，民主政治必须先有形式上的民主（如投票规则），才能实现实质上的民主。如果连民主的形式都不具备，谈何实质？在法学中，必须先有程序正义，才能走向实质正义，程序法先于实体法。在经济学中，必须先有效率追求，才能为公平追求奠定基础。总体上说，只要有一种价值理性的存在，就必须有相应的工具理性来实现这种价值的预设。

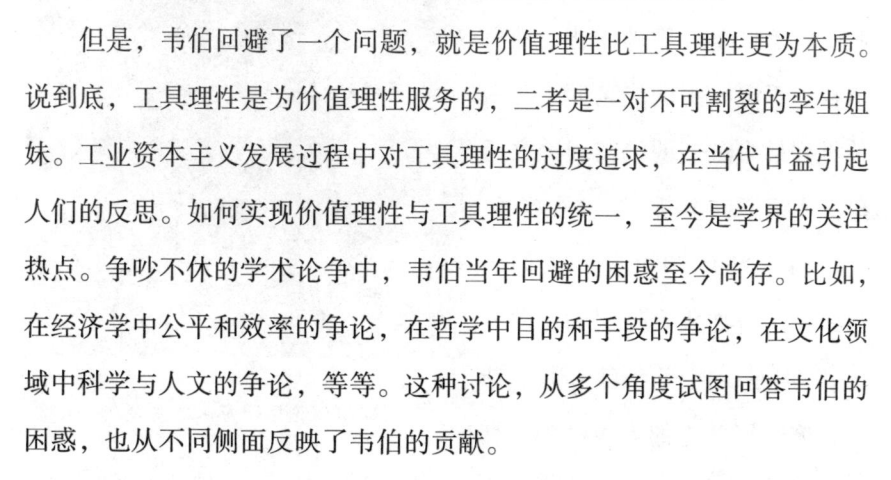

但是，韦伯回避了一个问题，就是价值理性比工具理性更为本质。说到底，工具理性是为价值理性服务的，二者是一对不可割裂的孪生姐妹。工业资本主义发展过程中对工具理性的过度追求，在当代日益引起人们的反思。如何实现价值理性与工具理性的统一，至今是学界的关注热点。争吵不休的学术论争中，韦伯当年回避的困惑至今尚存。比如，在经济学中公平和效率的争论，在哲学中目的和手段的争论，在文化领域中科学与人文的争论，等等。这种讨论，从多个角度试图回答韦伯的困惑，也从不同侧面反映了韦伯的贡献。

韦伯的官僚组织理论自诞生至今，对整个西方社会乃至全世界的影响非常深刻。20世纪40年代以前，韦伯的影响还主要在欧洲，但自从《经济与社会》被译成英文之后，他的理论在全世界得到了广泛的传播。二战以后，人们发现，无论是政府组织，还是企业组织，绝大多数都同韦伯提出的官僚组织相符。可以说，韦伯影响了西方世界管理模式

走进科学的殿堂

和管理思想的历史进展。

影响越大的理论，越容易产生来自各方的质疑。一种世界性的理论，必须经受反复的批判和锤炼。从20世纪60年代起，对韦伯的批判几乎不绝于耳。但令人惊奇的是，种种批判甚至是言辞激烈的声讨，迄今似乎还没有撼动韦伯理论的根基。

随着官僚组织的迅猛发展，西方管理学界、社会学界甚至政治学界，都有学者对韦伯进行反思和批评。官僚组织在实际运行中表现出的种种问题，使人们把责难的目光不约而同地投向韦伯。在许多人眼里，官僚组织已经成了机构膨胀、效率低下、管理僵化、精英集权、否定民主的代名词。对韦伯批判最为激烈的组织理论家沃伦·本尼斯甚至断言："从60年代开始算起的50年里，人们将目睹并亲自加入官僚制的送葬队伍。"但是，时至今日，本尼斯为官僚组织预言的大限已到，官

组织理论家沃尼·本尼斯

僚组织尚未看到生命终结的迹象。相反，也有不少人发出了"官僚制过时了吗"的反批判。在一定程度上，这种批判反而彰显出韦伯的大师地位。不过，批判中不少很有分量的成果，虽然没有打破韦伯范式，却使我们能够越来越清楚地看到韦伯的局限和漏洞。韦伯并未终结历史，他的大师地位是里程碑性质的，管理理论的大道，在韦伯之后依然会向前

延伸，甚至更为宽广。

韦伯身后，对官僚组织理论的反思基本表现在以下三个方面：

（1）对理性与非理性关系的反思。官僚制的理性主义在某种程度上是对人性的异化，人的个性与感情因素，在官僚组织中被完全排斥，人变成了庞大官僚机器上的齿轮和螺丝钉。韦伯自身对这种理性机器的发展前景也持悲观态度。组织行为学和管理心理学的发展，在一定程度

梅奥的霍桑实验

上弥补了这一点。从梅奥的霍桑实验开始，研究组织中人的感情和情绪成为管理学中的热点，不少人致力于管理中人的主体性探讨，"人本原理"的提出和发展，在许多方面对韦伯作了补充和修正。这些理论反思和创新中，以诺贝尔奖得主西蒙的"有限理性"理论最具有突破性。在韦伯那里，官僚组织体现的是完全理性。而西蒙在肯定理性的基础

上，提出了"有限理性"概念，使理性与非理性的平衡变成一种可靠的现实追求。这种"有限理性"思想，已经被越来越多的学者接受，甚至在经济学中也引起了较大反响。再进一步，非理性的研究也日益成为学术热点。

（2）对工具理性与价值理性、目的与手段关系的反思。理性官僚组织推崇价值中立，追求工具理性，强调形式合理与程序正义。依据官僚组织理论设计的组织，很容易演化成用工具理性排斥价值理性，具体表现为片面地追求程序与形式。本来，组织的规则、程序是实现组织目标与价值的手段，但是，形式合理性的追求，却会使目的与手段倒置。当官僚组织为实现它的目标而不断地完善工具手段时，手段

诺贝尔奖得主克劳德·西蒙

日益成了管理的目的。在这种情况下，官僚组织会形成规章迷宫，繁文缛节，职业官僚只会根据僵硬的规章例行公事，办事拖拉，效率低下，违背理性设计的初衷。这一问题，韦伯当时就有所警惕，但估计不足。20世纪70年代，莫姆森指出："资本主义的进一步发展不可避免地与效率更高的官僚制的兴起相联系，与以更加形式理性化的方式组织社会各个层次的交往活动相联系。韦伯认识到，这个进程最终可能导致出现

新的奴役铁笼,在这个铁笼中,各种以价值为取向的社会行为会被威力巨大的官僚制结构所窒息,会被形式理性化的法律和制度编织的牢固网络所扼杀。个人没有任何反抗的可能!"但是,这种反思所产生出来的改革思路和方法,多数绕了一个大圈又回到了官僚制。许多文章在指出官僚制演化产生的种种弊端后,所提出的方案与其说是要破除官僚制,不如说要恢复官僚制的本来面目,其实质还是立足于工具理性,提高效率。只有少数文章和专著,如阿吉里斯的《个人和组织》、戈尔姆比斯基的《人、管理与道德》和《组织更新》,试图以人的发展和价值理性来打破官僚组织范式。

哈贝马斯

(3) 对官僚制与民主制关系的反思。官僚制强调下级对上级的绝对服从,从上向下形成单向的命令链,即所谓的"官僚集权"体制,这与现代的民主化管理的趋势相悖。现代民主倡导"对话"机制,反对"独白"机制。而官僚组织运作,恰恰是"独白"方式。它在一定程度上保证了统一指挥和行动一致,但不能实现上下之间的有效沟通,处在高层的领导不能有效地收集有关组织本身与环境变化的信息,也不能实现下级对上级的有效监督并防止权力的异化。在这一点上,法兰克福学派的哈贝马斯提出了"交往理性",在打破官僚制"独白"体制上

独辟蹊径，从另一方面论证了组织的理性。哈贝马斯强调，理性不一定就是命令与服从，通过交往协商从而达成协议才是真正的理性。这在一定程度上弥合了官僚组织与民主制度之间的断裂带。但是，交往理性在操作意义上的实现，还有待于进一步的研究。

总体来看，韦伯虽然是20世纪初期的人物，但他的官僚组织理论生命力至今尚存。在这一意义上，韦伯依然是今天的大师。

韦伯的一生，留给世人太多的学习和研究空间。在海德堡大学，他不断地发展和完善自己的理论体系。关于他生活中的事情，实在不能与他的理论研究相媲美，他是一个简单的普通人，但是他的贡献永恒。

思想者的俱乐部——海德堡大学

歌德把心"丢"了的地方

歌德是德国古典文学最主要的代表,也是世界文学史上最杰出的作家之一。虽然,歌德不是海德堡大学毕业的,也没有在此长久逗留,但是,海德堡和海德堡大学却给他留下了难忘的回忆,在这里,他把自己的心丢了!歌德经常漫步于海德堡大学之中,海德堡美丽的风景和美丽的人,使他流连忘返。据说他曾8次来到海德堡,并与一位名叫玛丽安娜·冯·维蕾玛的姑娘产生恋情。在他的《东西诗集》中,到处可见这种炽热情感的流露。

歌 德

1749年,歌德生于美因河畔的法兰克福。父亲约翰·卡斯帕尔·歌德是皇家顾问、法学博士,得到皇家参议的头衔。母亲是当时法兰克福市长泰克斯托尔的女儿。童

走进科学的殿堂

年的歌德已显出惊人的理解力。8岁时，他把文科中学最高学年的拉丁文练习题译成德文，并开始学习法语、英语、意大利语以及希伯来语。10岁时他广读伊索、荷马等人的作品。11岁时又博览拉辛和莫里哀的名著。1765年8月，在父亲的坚持下，歌德违背自己学习古典文学的意愿，到莱比锡大学攻读法律。1768年因病辍学。1770年4月前往斯特拉斯堡继续完成学业，次年获法学博士学位。

名人轶事

法兰克福一景

10岁时，歌德开始了写作生涯。他在1773年写了一部戏剧《铁手骑士葛兹·冯·伯利欣根》，蜚声德国文坛。1774年秋，《少年维特之烦恼》的出版更使他声名大噪。1775年他应邀到魏玛，次年被任命为魏玛公国的枢密顾问。在随后直到1786年这段时期里，他成了魏玛公国的重臣，曾在一段时间里主持公国大政，力图进行一些改革。然而随

思想者的俱乐部——海德堡大学

着各方面阻力的增强，加上他对科学研究与文学创作的爱好，他陷入一种矛盾的痛苦之中，这导致他在1786年秋不辞而别，化名潜往意大利，直到1788年6月才返回魏玛。

回到魏玛之后，他辞去重要的政治职务，只负责文化艺术方面的工作。此后直到1794年这段时间，他先后完成了戏剧《哀格蒙特》、《托夸多·塔索》，并着手写第一部《浮士德》。他还进行了大量的科学研究工作，1790年发现了人的颚间骨。1794年歌德开始与席勒合作，他俩以各自的创作，把德国文学推向历史上一个前所未有的新高度。歌德先后创作了小说《威廉·麦斯特的学习年代》、叙事诗《赫尔曼与窦绿苔》（1797年），重新写《浮士德》第一部。1805年，席勒逝世，这标志着从1786年开始的德国古典文学时代的结束。在此后的近30年中，是歌德创作上的鼎盛时期。他完成了小说《亲和力》（1809年）、诗集《西东合集》（1819年）、《威廉·迈斯特

伊索

的漫游年代》（1829年）、自传性著作《诗与真》（1831年）、《意大利游记》以及耗尽他毕生心血的巨著《浮士德》第二部（1831年）。

海德堡和海德堡大学见证了歌德的一次失恋，对于多情的歌德来讲，他不平坦的爱情道路何时是个尽头？

青年男子谁个不善钟情？
妙龄女人谁个不善怀春？
这是人性中的至洁至纯，
为什么从此中有惨痛飞迸？
……

这首诗是德国伟大诗人歌德在他经历了至少是第七次的失恋之后写的。当时，他只有29岁。

莫里哀

这位才华盖世风度翩翩的诗圣，却有一段坎坷的恋爱史。

还是在歌德十四五岁的时候，一个名叫格兰脱欣的小姑娘和他很要好。在一种莫名其妙的好奇心驱使下，有一次他起草了一封想象中的格兰脱欣写给他的情书，拿去叫她签名。小姑娘感到有趣，开心地应允了。少年歌德立刻欣喜若狂，堕入情网。

不久以后，格兰脱欣因受一起案件株连而离开此地，刚刚编织的虚渺浪漫的爱网就这样结束了。

很明显，歌德的第一次失恋是必然的，他盲目地闯入情场，和自己的感情开了一个幼稚而又庄重的玩笑。

歌德的第二次恋爱是在他医好了初恋的伤痕离家到大学求学的时候，那时他爱上了一家酒馆老板的女儿。然而热恋中的歌德却犯了一个致命的错误——妒忌。当他看到那姑娘在戏院中和别的男子谈话时，非常气恼，以至发狂。爽直的酒家女受不了这种感情的折磨，便抛弃了他。

多疑、猜忌，是情人间的常见病，最容易伤感情。恋爱需要忠诚，但忠诚是相互的，自己多心、猜忌，首先是对别人不信任的表现。正如英国俗话所说：疑来则爱去。

23岁的歌德再次离家，西行到梵次赖去攻读法律。在那里，他与年轻的法律家凯史脱南结为挚友。有一次他在舞会上被美丽可爱的姑娘——绿蒂迷住了，那个19岁的活泼大方的姑娘，也喜欢这位青年诗人。当天下午，歌德去拜访绿蒂，出乎预料地得知她就是好友凯史脱南的未婚妻。这回歌德踏入三角区，在一种新的烦恼中不能自拔。对多情的诗人来说，这可以说是爱情的第五次打击了。尽管他的朋友没有怨恨，那位碧眼姑娘亦对他很热情，但是面对这不能生效的爱

席勒

情，他想到了死，在床前悬了一柄剑，几欲自尽……

在生活中，两个人或更多的人同时爱上一个人的事并不少见，一旦发现自己成为"多余的人"，正确的态度应该是急流勇退，抽身却步。这样做不是窝囊、没本事，而是明智的抉择。在这一点上，歌德是清醒的。当他结束了这场毫无意义的恋爱以后，仍然对绿蒂和凯史脱南满怀感情，在他们结婚时，他送给绿蒂一个精致的戒指以示祝贺。

歌德像

失恋是痛苦的，然而泪水、怨气于事无补，反而会伤害自己。冷静地回顾恋爱经过，以客观的分析从中吸取教训，或者把痛苦化为成就事业的力量，也许会找到打开爱情之门的钥匙。托马斯·亨利·赫胥黎说："在人生的初期，经历几次失败有着极大的实际好处。"莎士比亚也劝诫人们："主要的问题并不在于你是否已经失败，而在于你是不是甘心失败。"只要你能从失败中抬起头来，不因此消沉，那么，成功就在不远的前方。

思想者的俱乐部——海德堡大学

歌德一生到底经历了多少次失恋，我们无法确记，但有一点是清楚的，他终于顽强地走完了人生的道路，成就了不朽的事业。

在他第五次失恋之后，他从爱情焚燃的灰烬中得到了灵感和激情，写出脍炙人口的名著《少年维特之烦恼》。作品中的维特就是歌德的化身，只是在最后，他让维特以反基督教义的行动而饮弹自尽了。作品出版后受到热烈的欢迎，但同时也有点副作用——有的青年男女每因婚姻不圆满即以自杀表示抗议，一时间形成"维特热"。为此，四年后歌德做了一首诗《绿蒂与维特》印在该书卷首。

歌德著有大量的诗选，一部分流露出的情感最浓。包括：1.《流浪者之夜歌（一）》、2.《流浪者之夜歌（二）》、3.〈浮士德〉献词、4.《重逢》、5.《对月吟》、6.《野蔷薇》、7.《幸福的憧憬》、8.《守望者之歌》、9.《神秘的和歌》、10.《第一次失恋》、11.《自然与艺术》、12.《迷娘歌》、13.《致西风》、14.《银杏》、15.《任凭你在千种形式里隐身》、16.《五月之歌》、17.《中德四季晨昏杂咏》、18.《致东风》、19.《在夜半》、20.《夜思》

马克思

走进科学的殿堂

歌德的一生经历了德国文学史上狂飙突进运动、古典主义和浪漫主义三个阶段,是德国历史上少有的长寿作家。歌德在世界文学史上的显赫地位无须多言,除了马克思、恩格斯都特别喜欢他的著作外,列宁在流放时携带的仅有的两部文学作品中,就有一部是《浮士德》。哲学家谢林说:"歌德活着的时候,德国就不是孤苦伶仃的、不是一贫如洗的,尽管它虚弱、破碎,它精神上依然是伟大的、富有的和坚强的。"

1794年,歌德与席勒相遇,开辟了"以歌德和席勒的友谊为特征"的德国古典文学全盛时期。在10年时间里,他们在创作上互相帮助,各自写出了他们的名作。在席勒的促进下,歌德创作了他的毕生巨著《浮士德》。两位文学巨人10年的相处与合作把德国古典文学推向了高峰,并使魏玛这座小小的公园都城一跃成为当时德国与欧洲的文化中心。

恩格斯

歌德曾不无自豪地说:德国拥有这样两个人,应该感到满足了。他们共同主办了魏玛的剧院,主编文艺杂志,合写了一批诗歌和谣曲。在此期间,歌德还完

成了他的几部重要作品，如《威廉·迈斯特的学习时代》（1795—1796年）、《赫尔窦绿苔》（1797年）、《浮士德》第一部（1808年）等。

作为德国狂飙突进运动的代表人物，歌德在他的一系列作品中呼唤自由，歌颂反抗。《少年维特之烦恼》发表后，立即轰动了全德和全欧，它表现了觉醒的市民阶级知识分子在当时封建社会环境里的精神苦闷。小说对封建道德、等级观念的激烈反抗以及对个性解放、发展天才的强烈要求，喊出了当时觉醒的一代知识分子的内心呼声，因此进步人士对之欢呼喝彩。这部书信体小说使多少人爱不释手，就连一生戎马的拿破仑也随身携带，先后读过7遍。恩格斯说它绝不是"一部平凡感伤的爱情小说"，而是"建立了一个最伟大的批判的功绩"。

歌德和席勒

意大利的漫游使诗人饱览了宏伟壮丽的自然风光和美不胜收的古代艺术，并促成了他艺术理想的一个重要转变。他批判地回顾了自己的过

走进科学的殿堂

去，放弃了"狂飙"式的幻想而转入了对宁静、和谐的"古典主义"的追求。他的创作激情重新勃发起来，创作出了《埃格蒙特》（1789年）、《伊菲格涅亚在陶里斯》（1786年）、《托夸多·塔索》（1790年）以及《浮士德》等作品。

1788年歌德返回魏玛，结了婚，推掉了政务的重担。不久，法国大革命爆发了，歌德始而为之欢呼，但渐渐地对革命中的暴力流血产生了憎恶，甚至写了一些作品对革命加以诋毁和嘲弄。这个时期，他对自然科学进行了深入的研究，提出了一个解剖学的创见、一个植物学的重要假说和一个复杂的颜色理论。

名人轶事

法国大革命油画

思想者的俱乐部——海德堡大学

进入19世纪以后，年过半百的歌德面对时代的巨变显示出虚怀若谷和自强不息的可贵精神。他对新兴科学和诸如开凿苏伊士运河、巴拿马运河等宏伟工程表现出极大的热情，对圣西门和傅立叶的空想社会主义进行了认真的研究，对当时大量传入欧洲的东方文化包括中国的文学作品产生了浓厚的兴趣，并提出了"世界文学的时代已快来临"的著名预见。

在隐居独处中，歌德度过了他漫长的晚年。以一种超人的毅力，他完成了《威廉·迈斯特的漫游年代》（1820—1829年）、《新和力》（1809年）、《诗与真》（1811—1830年）、《意大利游记》（1816—1829年）以及不朽巨著《浮士德》。

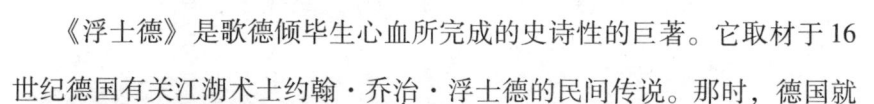

《浮士德》是歌德倾毕生心血所完成的史诗性的巨著。它取材于16世纪德国有关江湖术士约翰·乔治·浮士德的民间传说。那时，德国就

苏伊士运河风光

出版了名为《约翰·浮士德的一生》的故事书,讲述了浮士德与魔鬼订约,漫游世界,享尽各种人间欢乐,最后惨死于魔鬼之手的故事。文艺复兴以来,不断有人利用这一传说来进行创作。英国伊丽莎白时期的戏剧家马洛写过《浮士德博士的悲剧》,18世纪德国作家莱辛、克林格尔也都写过有关浮士德的作品。在德国还演出过由浮士德故事改编而成的木偶戏和其他戏剧。

名人轶事

巴拿马运河风光

歌德少时即看过有关浮士德的木偶戏和故事书,上大学时,就萌生了创作《浮士德》的想法。1773年,他开始了构思。1775年,写作了一些片断,后因魏玛之行而中断。从意大利回国后歌德在席勒的促进和鼓励下,于1806年完成了《浮士德》第一部,而席勒已于一年前逝世。

思想者的俱乐部——海德堡大学

此后，歌德用了 20 年的时间来酝酿和构思第二部，并从 1825 年起集中精力写作，到 1831 年，即歌德逝世的前一年，第二部终告完成。《浮士德》的创作历时 60 年之久，其间，世界发生了历史性巨变，歌德自己的思想也在不断地变化，这一切，都反映在这部跨时代的巨著之中。对于时代和歌德本人来说，这都是一部具有总结意义的作品。

《浮士德》是一部长达 12111 行的诗剧，第一部 25 场，不分幕。第二部分 5 幕，27 场。全剧没有首尾连贯的情节，而是以浮士德思想的发展变化为线索。剧情梗概如下：

魔鬼靡非斯特与上帝打赌，认为人类无法满足的追求终将导致其自身的堕落。上帝却以为尽管人类在追求中难免会犯错误，但最终能够达到真理。于是由魔鬼下到人间去诱惑浮士德。

浮士德此时已是一个年过半百的老学者。他毕生都在孜孜不倦地博览群书，钻研各种学问，以求洞解自然奥秘。然而至此垂垂暮年，他才恍然悟到这些知识毫无用处，而自己身处其中的书斋实在形同牢狱，使自己与大自然隔离了。他痛苦得想要自杀，到另一世界去寻求出路。复活节的钟声唤回了他生的意志，把他引到郊外。在万物欣欣向荣的大

莱辛画像

自然和自由欢乐的人群中,他深受鼓舞。回到书斋翻译《圣经》时,竟然与"泰初有道"的思想发生抵触。这时,他从郊外带回的卷毛犬化为书生出现在面前,浮士德问他的真实身份,他说自己是"作恶造善的力之一体",其实他就是魔鬼靡非斯特的化身。魔鬼答应做浮士德的仆人,带他重新开始人生的历程,条件是一旦他感到满足,灵魂便归魔鬼所有。

魔鬼带浮士德来到魔女之厨,饮下魔汤,使他变成了翩翩少年,恢复了情欲。随后他们来到一个小镇,浮士德与平民少女玛甘泪发生恋情。玛甘泪对浮士德一往情深,为了幽会,他无意中给母亲服了过量安眠药,致使老人死去。她的哥哥瓦伦丁又死在浮士德的剑下。在慑于社会舆论的重压而亲手溺死了与浮士德所生的孩子后,玛甘泪身陷囹圄,被判死刑。而此时浮士德正与魔女欢会,闻讯后赶来营救,但玛甘泪已精神失常,甘愿受刑而无意逃走。浮士德在悔恨中离去。上帝宽恕了善良的玛甘泪。第一部到此结束。

《圣经》

第二部开始,浮士德在美丽的大自然中治愈了心灵的创伤,随魔鬼来到了神圣罗马帝国的皇宫。当时王朝一片混乱,上层社会荒淫腐败,百姓啼饥号寒,铤而走险。而浮

思想者的俱乐部——海德堡大学

士德获得皇帝的宠信，以多发行纸币之法缓解了财政危机。皇帝异想天开，要求浮士德招来古希腊美女海伦以供观赏。魔鬼施展法术，于是香烟缭绕之中出现了海伦和特洛伊王子帕里斯的幻影。浮士德对海伦一见倾心，当帕里斯拥抱海伦时，浮士德妒意大发，用魔钥去触帕里斯，幻影立刻消失，浮士德昏倒在地，魔鬼驮起他溜出宫廷。

官场黑暗令浮士德对政治大失所望，他转而追求古典美的宁静与和谐。魔鬼将他带回书斋。浮士德的学生瓦格纳在曲颈瓶里造出了人造小人何蒙古鲁土。何蒙古鲁土领浮士德到希腊寻找海伦。二人结合，生下一子名欧福良。欧福良的形象是以英国诗人拜伦为原型的，他生来喜爱高飞，渴望战斗，听到远方自由的呼唤，他如闻号令，奋不顾身向高空飞去，不幸陨落在父母脚下。海伦悲痛欲绝，不顾浮士德的苦留，腾空飞去，只将她的白色长袍和面纱留在了浮士德的怀中。它们化为云朵把浮士德托起，飞回了北方。浮士德对古典美的追求，又以幻灭而告终。

浮士德在空中看到波涛汹涌的大海，顿时产生了征服大海的雄心。借魔鬼之力，他帮助一个皇帝平定了叛乱，得到一片海边

浮士德

名人轶事

101

的封地。按照浮士德的命令，魔鬼驱使百姓为他移山填海，变沧海为桑田。此时，浮士德已是百岁的老人，忧愁使他双目失明。魔鬼命死魂灵为他掘墓，浮士德听到铁锹之声，还以为是群众在为他开沟挖河。想到自己正在从事的伟大事业，他不由得脱口赞道："你真美啊，请停留一下！"浮士德依约倒地而死。魔鬼正要夺走他的灵魂，这时天降玫瑰花雨，化为火焰，驱走了魔鬼。天使将浮士德接至天上，见到了圣母和已为赎罪女子的玛甘泪。

浮士德自强不息、追求真理，经历了书斋生活、爱情生活、政治生活、追求古典美和建功立业五个阶段。这五个阶段都有现实的依据，它们高度浓缩了从文艺复兴到19世纪初期几百年间德国乃至欧洲资产阶级探索和奋斗的精神历程。在这里，浮士德可说是一个象征性的艺术形象，歌德是将他作为全人类命运的一个化身来加以塑造的。当然，所谓全人类其实是资产阶级上升时期一个先进知识分子典型形象的扩大化罢了。同启蒙时代的其他资产阶级思想家并无不同，歌德也是把本阶级视为全人类的代表的。浮士德走出阴暗的书斋，走向大自然和广阔的现实人生，体现了从文艺复兴、宗教改革，直到"狂飙突进"运动资产阶级思想觉醒、否定

上海译文出版社出版的《浮士德》中译本

思想者的俱乐部——海德堡大学

宗教神学、批判黑暗现实的反封建精神。浮士德与玛甘泪的爱情悲剧，则是对追求狭隘的个人幸福和享乐主义的利己哲学的反思和否定。从政的失败，表明了启蒙主义者开明君主的政治理想的虚幻性。与海伦结合的不幸结局，则宣告了以古典美对现代人进行审美教化的人道主义理想的幻灭。最终，浮士德在发动大众改造自然，创建人间乐园的宏伟事业中找到了人生的真理，从中我们不难看到18世纪启蒙主义者一再描绘的"理性王国"的影子，并依稀可闻19世纪空想社会主义者呼唤未来的声音。

　　浮士德的形象还有更高的哲学含义。这主要表现在著名的"浮士德难题"以及面对这种困境所表现出来的"浮士德精神"上。歌德以深刻的辩证法意识揭示了浮士德人格中的两种矛盾冲突的因素，即"肯定"和"善"的因素同"否定"和"恶"的因素之间的复杂关系及其发展历程，更以乐观主义的态度表现了浮士德永不满足，不断地克服障碍、超越自我，"不断地向最高的存在奋勇"前进的可贵精神。"浮士德难题"其实是人类共同的难题，

奥尔巴赫地下酒馆外浮士德与魔鬼靡菲斯特的雕像

103

走进科学的殿堂

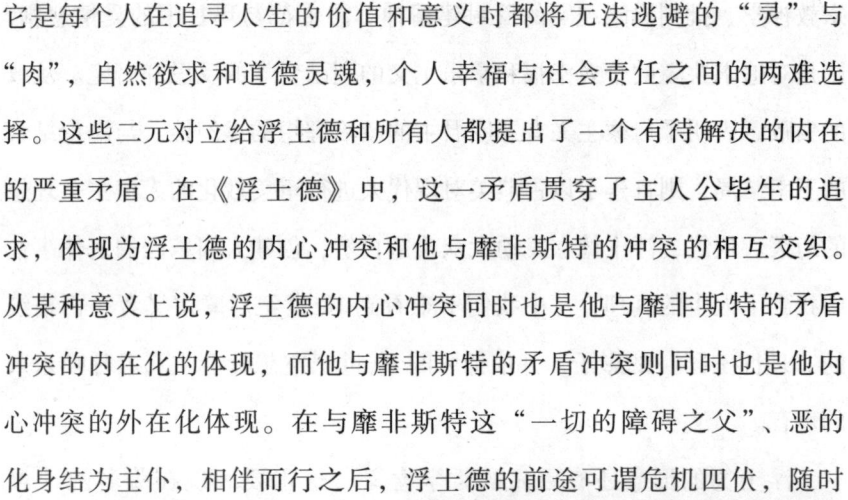

它是每个人在追寻人生的价值和意义时都将无法逃避的"灵"与"肉",自然欲求和道德灵魂,个人幸福与社会责任之间的两难选择。这些二元对立给浮士德和所有人都提出了一个有待解决的内在的严重矛盾。在《浮士德》中,这一矛盾贯穿了主人公毕生的追求,体现为浮士德的内心冲突和他与靡非斯特的冲突的相互交织。从某种意义上说,浮士德的内心冲突同时也是他与靡非斯特的矛盾冲突的内在化的体现,而他与靡非斯特的矛盾冲突则同时也是他内心冲突的外在化体现。在与靡非斯特这"一切的障碍之父"、恶的化身结为主仆,相伴而行之后,浮士德的前途可谓危机四伏,随时皆有可能堕落为恶魔的奴隶。但是,不断追求、自强不息、勇于实践和自我否定是浮士德的主要性格特征,这使他免遭沉沦的厄运,实现了人生的价值和理想。而恶在这里却从反面发挥一种"反而常将好事做成"的推动性作用。歌德辩证地看待善恶的关系,不是视之为绝对的对立,而是把它看作互相依存、互相转化的关系,

牛 顿

揭示了人类正是在同恶的斗争中克服自身的矛盾而不断取得进步的深刻道理。这在诗剧的开头时上帝有关善人须努力向上才不会迷失

正途的议论，以及诗剧结束时天使们唱出的"凡是自强不息者，到头我辈均能救"的歌词中都得到了明确的体现。

歌德花了58年时间完成的诗剧《浮士德》则是其一生丰富思想的总结与艺术探索的结晶，是堪与荷马的史诗、莎士比亚的戏剧媲美的伟大诗篇。当歌德于1831年最终完成此书时，他曾在日记中写道："主要的事业已经完成"，"我以后的生命我可以当做是纯粹的赐予了。我是否做什么或将做什么现在已经完全无所谓了。"《浮士德》塑造了一个不断探索人生真谛、不断进取的形象。主人公浮士德博士年届百岁、双目失明时，仍然认为，人生应当"每天每日去开拓生活和自由，然后才能作自由和生活的享受"，体现了资产阶级上升时期追求真理、自强不息的精神，也是德意志民族优秀传统的反映。

《浮士德》构思宏伟，内容复杂，结构庞大，风格多变，融现实主义与浪漫主义于一炉，将真实的描写与奔放的想象、当代的生活与古代的神话传说杂糅一处，善于运用矛盾对比之法安排场面、配置人物、时庄时谐、有讽有颂，形式多样、色彩斑驳，达到了极高的艺术境界。

达尔文

当然，这并不意味着《浮士德》是一部无可指责的完美之作。从思想上看，它有将政治革命消极为精神探索，将社会改造转化为自我完善的倾向，这体现了资产阶级固有的软弱和妥协的本性，以及它作为剥削阶级的掠夺性。从艺术上看，内容庞杂、用典极多、象征纷繁，使作品艰深隐晦，令人索解为难。尤其是第二部，浮士德的形象有抽象化、概念化的倾向，给一般读者的阅读和理解造成了较大的困难。

歌德在晚年又经历了一次传奇式的爱情，74岁时爱上了19岁的莱

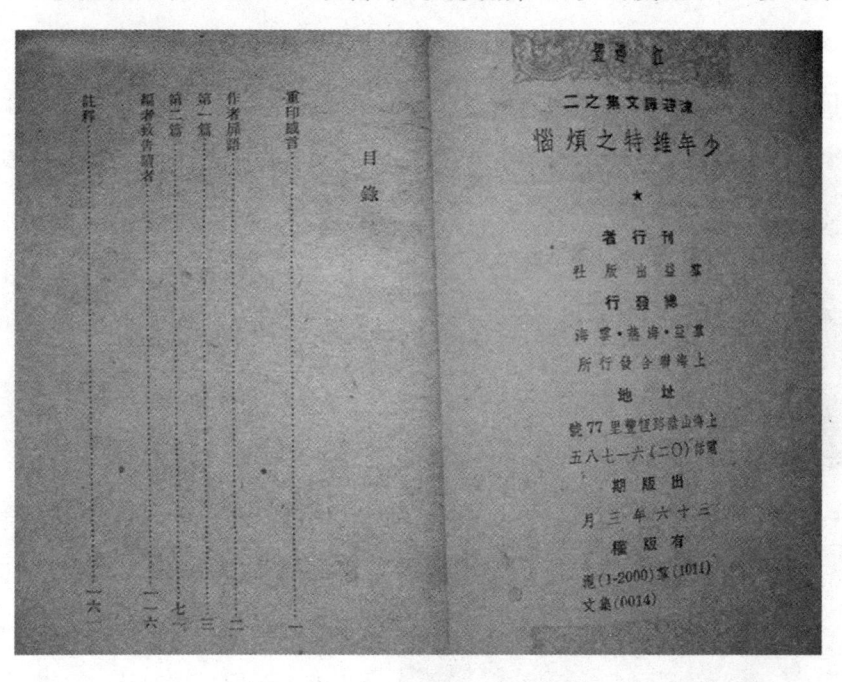

郭沫若译《少年维特之烦恼》

维佐夫。社会舆论的反对，使他的最后一次爱情遭到失败。歌德生活的最后20年是相对平静的，他竭尽全力从事创作和自然科学研究。这位文学伟人在完成他的巨著《浮士德》的第二部后，于1832年3月22日

思想者的俱乐部——海德堡大学

与世长辞。

歌德为人类文明留下了丰富的遗产,除了不朽的文学作品外,他在美学、哲学、历史以及地理《学、生物学、物理学和天文学等方面,都有重要研究成果或发现。他发现了人的颚间骨,对解剖学作出过贡献;他的《颜色学》向牛顿的机械观提出了挑战;他提出的生物进化学说比达尔文早了近百年。

歌德没有到过亚洲,更没有来过中国,但他与中国却有着不解之缘。他在晚年阅读了大量有关中国的书籍,从丰富的中国文化中汲取了创作营养。他的《中德四季晨昏杂咏》十四首诗是中德文化相互影响的范例。著名诗人冯至生前讲解《浮士德》时说,易经》中"天行健,君子以自强不息"正好概括了浮士德的一生。他还认为,歌德《阔夫塔之歌》中"你必须上升或下沉/……/你必须是锤或是铁砧",与《孟子》里"既不能令,又不受命,是绝物也"是多么相似。

人民文学出版社出版的《歌德文集》

歌德作品传入中国大概是在戊戌前后。1922年,郭沫若全译的《少年维特之烦恼》正式出版,其后他又陆续译出《浮士德》。值得一提的是,歌德的作品对中国启蒙运动发挥过积极影响。新中国成

走进科学的殿堂

立后,随着中德文化交流的发展,歌德及其作品像一颗闪烁的明星,在中国放射出愈加灿烂的光芒。人民文学出版社出版了汇集我国三代歌德研究者和翻译家学术成果的十卷本《歌德文集》,成为中德文化交流史上的一大盛事。

歌德作为德国 18 世纪末 19 世纪初最伟大的诗人、作家和思想家,把一向地位不高的德国文学推到了一个前所未有的高峰,并获得了不朽的世界性声誉。他的《浮士德》同《荷马史诗》、但丁的《神曲》和莎士比亚的《哈姆雷特》一样被誉为"名著中的名著",既是启蒙主义文学的压卷之作,也是欧洲与世界文学史上最具价值和最富影响的作品之一。

莎士比亚

华人风采

诗人冯至

冯至（1905－1993年），原名冯承植，河北涿县人。1921年考入北京大学，1923年后受到新文化运动的影响开始发表新诗。1927年4月出版第一部诗集《昨日之歌》，1929年8月出版第二部诗集《北游及其他》，记录自己大学毕业后的哈尔滨教书生活。1930年赴德国留学，其间受到德语诗人里尔克的影响。5年后获得哲学博士学位，返回战时偏安的昆明任教于西南联大任外语系教授。1941年他创作了一组后来结集为《十四行集》的诗作，影响甚大。冯至的小说与散文也均十分出色，小说的代表作有20年代的《蝉与晚秋》、《仲尼之将丧》；散文则有1943年编的《山水》集。

在海德堡大学学习期间，冯

冯 至

走进科学的殿堂

至每天刻苦学习,早上8点起床,6点回家,获得了博士学位。他的朋友梁宗岱也曾经来这里游学。当代,几乎所有重要的中国作家和诗人,都曾经到过这个美丽的城市。冯至的诗歌创作,在海德堡大学得以升华,同时,还得到了鲁迅先生关心和细心的评价。

冯至的《昨日之歌》作为《沉钟丛刊》的第二种,由北新书局于1927年4月出版,共印行1500册。全书分上下两卷,上卷收抒情短诗46首,下卷收爱情叙事诗4首,作于1921—1926年。整部诗集以歌颂青春、歌颂爱情为主题。语言质朴,少修饰,却牵出缕缕真挚、浓郁的情愫。

《昨日之歌》出版后,沉钟社的同仁一半开玩笑,一半严肃地批评冯至的诗缺乏时代气息,没有摆脱旧诗词的情调。冯至将这个评语当作自己的看法,写信给鲁迅,并附寄《昨日之歌》一册。1927年5月23日《鲁迅日记》:"得冯培君信并《昨日之歌》一本,9日发。"一周后即"复冯培君信"。据冯至回忆,鲁迅肯定了冯至的诗,认为并不像他信中所说,有那么多旧诗词中的情调。从鲁迅给冯至的信和鲁迅以后对他的评价中,可以看出鲁迅读了他的诗,一定是早就从《浅

诗人冯至

华人风采

草》、《沉钟》上读过了。鲁迅藏书中就有《浅草》一卷四期,《沉钟》复刊后的 1－33 期 34 册。鲁迅还将《沉钟》包裹了,并在纸包外面用墨笔书写了"沉钟月刊一份全"。用的是旧包装纸,上面有钢笔字"周树人先生",还有邮戳。

鲁迅一直关注着冯至。1925 年 4 月 3 日《鲁迅日记》:"浅草社员赠《浅草》一卷之四期一本。"这大概是两人第一次见面。鲁迅的印象是这样深,一年后写作《一觉》时,仍不忘记:"我在北京大学的教员预备室里,看见进来一个并不熟悉的青年,默默地给我一包书,便出去了,打开看时,是一本《浅草》。就在这默默中,使我懂得了许多话。"冯至在他的《鲁迅与沉钟社》中回忆到,"那天下午,鲁迅讲完课后,我跟随他走进教员休息室,把一本用报纸包好的《浅草》交给他。他问我是什么书,我简短地回答两个字'浅草'。他没有问我的名姓,我便走出去了。"这本《浅草》一卷四期的第一篇就是冯至的叙事诗《河上》,此外还收有他的另一首叙事诗《吹箫人的故事》。

1926 年 5 月到 7 月间,冯至与沉钟社的陈炜谟一起,多次到鲁迅家中拜访。鲁迅与他们谈文学,谈时事,也谈对他们的批评意见。1926

鲁迅

年暑期，鲁迅决定去厦门，而此时冯至不在北京，鲁迅托人将德译本的莱蒙托夫的《当代英雄》转送给他。1927年初《坟》即将出版，1月10日鲁迅在写给韦素园的信中提到："陈炜谟、冯至两人是沉钟社里的，不知尚在京否？如知地址，希邮寄。"由此可见鲁迅对沉钟社，对冯至的关注与关怀。《鲁迅日记》有8处提到冯至，时间从1925年4月3日至1935年9月6日，时间跨越十余年。1930年至1935年冯至到德国留学，1935年9月回国，马上就去看望了鲁迅先生。"下午杨晦、冯至及其夫人见访。"鲁迅在9月6日的日记中这样写道。

1927年暑假，冯至由北大德文系毕业，到哈尔滨第一中学去教国文。在这陌生的、被黑暗所笼罩的北方城市，远离朋友的冯至孤独、寂寞，以及对现实的强烈不满淤积心头，于是便有了长诗《北游》的吟唱。这首诗后来被收入冯至自费出版的诗集《北游及其他》。

《北游及其他》是冯至的第二部诗集，作为《沉钟丛刊》的第6种，1929年8月20日印成，共印1000册。书一拿到，冯至

《浅草》杂志

即送给鲁迅。在书的扉页上，他用黑色钢笔写道："鲁迅先生指正冯至 1929．8．28于北平"。

思想者的俱乐部——海德堡大学

《北游及其他》分为三辑。第一辑《无花果》，收录1926年秋－1927年夏创作的新诗16首；第二辑《北游》，收录1927年冬创作的新诗12首；第三辑《暮春的花园》收录1928年秋－1929年夏创作、翻译的诗歌17首。这个时期的诗歌，仍以抒写个人情感为主，写爱情，写感受，依然有挥之不去的孤寂，更多了压抑。《北游》的12首诗中"阴沉"一词出现的频率最多，几乎像呼吸一样从每首诗中传出。这可能也是诗人对环境、对人生最强烈的感受吧。

1928年初，冯至收到未名社寄来的鲁迅翻译的《小约翰》，诗人激动的心情是可想而知的。他选用了该书的最后一句作为长诗的题词："……他逆着凛冽的夜风，上了走向那大而黑暗的都市，即人性和他们的悲痛之所在的艰难的路。"作者、译者和冯至的心是这样轻轻地糅合在一起。鲁迅在《〈中国新文学大系〉小说二集序》中称冯至为"中国最为杰出的抒情诗人"，这大概缘于他的真切，缘于他不加修饰的诗情的自然表露。

鲁迅设计的《小约翰》书封

冯至喜欢作诗，冯至的诗有他的别致之处。早年叙事诗的悲剧性十分突出。中国叙事诗向来不发达。在2000多年的古典诗歌中，流传下

华人风采

来的经典叙事诗可谓寥若晨星，只有极少的几篇，如《孔雀东南飞》、《木兰诗》、"三吏"、"三别"、《琵琶行》、《长恨歌》等。这种状况到了新诗运动以后，有了一些变化。中国新诗的第一个十年中，诗人们也曾创作了一些叙事诗，如刘半农的《敲冰》、玄庐的《十五娘》、闻一多（图89）的《李白之死》、《剑匣》、《园内》、《渔阳曲》、《南海之神——中山先生颂》、郭沫若（图90）的《凤凰涅槃》、白采的《羸疾者的爱》、朱湘的《猫诰》、《还乡》、《王娇》、饶孟侃的《莲娘》、韦丛芜的《君山》、柯仲平的《海夜歌声》、王希仁的《松林新匪》、叶绍钧的《浏河战场》、周仿溪的《炮火之花》等。尽管在艺术上各有特色，但总体水平相对于抒情诗而言仍旧不高。

1923年5月，冯至创作了叙事诗《吹箫人》（最初发表时名为《吹箫人的故事》）。随后每年创作一首，分别是《帷幔》（最初发表时名为《绣帷幔的少尼》）、《蚕马》和《寺门之前》。冯至这四首叙事诗，一下子将当时并不成熟的叙事诗创作提到一个很高的高度。朱自清先生非常欣赏，将前三首收入他主编的《中国新文学大系诗集》，并给予了极高的评价，称赞冯至的叙事诗"堪称独步"（《中国新文学大系诗集导言》）。我国已故的著名现代

冯至《十四行集》

思想者的俱乐部——海德堡大学

文学史家王瑶先生认为，冯至早期的诗作中，"长篇叙事诗尤称独步"（《中国新文学史稿》）。我国著名的诗学家、北大教授谢冕先生对此也有同感，他认为"在叙事诗创作方面，冯至的功绩甚至超过了一向受到赞誉的抒情诗。"

不过，大多的学者对冯至叙事诗的论述，或者是从艺术技巧的角度，对之称许有加。如王瑶先生就说过，冯至这些叙事诗"形式技巧上都有比较高的成就。"（《中国新文学史稿》）谢冕先生认为它们"就结构的谨严、章法的整饬、语言的精美而言，作品历经七十年不减其典范的价值。""构成了一个至今无法企及的诗美的高峰。"确实，从艺术角度来看，这些评价毫不为过，冯至的这些叙事诗已经成了不朽的经典。有的论述，或者是从哲理的角度，极力赞许其中蕴涵的深邃的哲理意蕴。如谢冕就认为它们是"哲学和美学的综合"；孙玉石先生也曾探析了冯至20世纪20年代的诗作（包括这四首叙事诗）的哲理性，进而认为冯至先生是"中国现代诗国里的哲人"。

那么，冯至在这些叙事诗里"体验"到了什么呢？他"体验"到的是悲剧性。

年轻的诗人冯至为何会"体验"到如此强烈的悲剧性呢？首先，这与冯至早年的身世有关。家境的贫寒、幼年丧母、胞弟的出走、继母也去世、父亲的忧郁……这一切都让年少的冯至过早地体味到了人生的悲凉，从而在冯至幼小的心灵里种下了悲剧意识的种子，进而转化为他创作时的心理图景。这样，当诗人拿起笔时，这种悲剧的心理图景便会投射到他的作品中。他的处女作《绿衣人》就充满了一种悲剧感。其次，这与当时的时代氛围有关："那时的北京城是一片灰色，街头巷尾，到处是贫苦的形象和悲痛的声音,我们爱说当时青年们口头上的一句话:'没有花,没有光,没有爱'。"(冯至语)也正如鲁迅先生指出的,"那时觉醒起来的知识青年的心情,是大抵悲凉的……(他们)分明看见了天涯际的黑暗。"时代整体的悲剧氛围对冯至的诗歌创作也有很大的影响。再次,这也与冯至先生个人的学养及审美趣味有关。冯至在大学念的是西语系,他酷爱德语文学,酷爱其中带有悲剧性的作品,其中充溢着浓厚的"世纪末"悲观情绪。正如鲁迅先生指出的,冯至他们"摄取来的异域的营养,又是'世纪末'的果汁"。这一点也使冯至诗作特别是叙事诗呈现出一种悲剧性的美学色彩。

冯至的爱情诗的内容往往不是爱的欢悦,不是爱的忧愁,不是多愁善感的痛苦,也不是春花秋月的无病呻吟。他的爱情诗摆脱了初期新诗重在控诉和反抗封建家庭对青年人自由恋爱的压制这一窠臼,而是将反封建和追求自由爱情的呼声隐藏于、融化于精妙构思的传奇性故事里。他的爱情诗在表达婉转的感情的时候,往往带着一层悲剧性的色彩。

晚年的冯至

《蚕马》中那匹忠诚而痴情的蚕马,深深地爱着蚕女,为她不辞辛劳,千里迢迢把她日夜思念的父亲接回来,然而姑娘并不理解它的爱,

思想者的俱乐部——海德堡大学

它便"跪在她的床边/整夜地涕泪涟涟",它"一些儿鲜草也不咽/半瓢儿清水也不饮/不是向着她的面庞长叹/就是昏昏地在她的身边睡寝。"结果,它被她的父亲杀了,马皮悬挂在墙壁上。即使死了,蚕马依然深爱着这位少女。在一个风雨交加、电闪雷鸣的夜晚,孤独的少女非常凄凉和恐惧,蚕马对她说,"亲爱的姑娘/你不要凄凉,不要恐惧/我愿生生世世保护你/保护你的身体"!就"在大地将要崩溃的一瞬/马皮紧紧地裹住了她的全身",她在"月光中变成了雪白的蚕茧"。

《蚕马》写的是一桩错过了的爱情。蚕马的结局是悲剧性的,它深爱着蚕女,但她却不明白,它的爱没有得到回应,并被蚕女的父亲杀了。它也是为爱而死的。故事的结局也是悲剧性的:蚕女由于没有答应蚕马的爱而遭到了报复。

早年的冯至是一位唯美主义者,主张"为艺术而艺术",他一直孜孜不倦地追问艺术(美)的真谛。然而冯至却是一个悲观主义者,认为艺术(美)和生活二者是根本背离的,艺术(美)在现实生活中无立足之地。

冯至在其叙事诗中关注的另一个主题是——人性。他渴望一种健康、自由的人性,悲哀于"没有花,没有光,没有爱"的生命,当他

冯 至

华人风采

走进科学的殿堂

"把过去的事草草地思量"时,发现"回头看是一片荒原",他质问道,"荒原里可曾开过一次花,涌过一次泉?"(《车中》)在冯至的心中,健康、自由的人性,应该是有花、有光、有爱的,应该是"花开泉涌"的,而不应是受压抑的。《寺门之前》中的老和尚,少年时便出家了,过着极度压抑的生活。当他还是少年时,"用力冲破了层层难关/为了西蜀的少妇们/曾经整夜地失过眠",修行的日子是极度苦闷的,仅仅为了所谓的"西天",为了所谓的"佛法",连正常的人性、最起码的欲望都得压抑住,"红色的花朵眼也不准看,/绿色的叶子手也不许攀",生命就在如此灰暗、艰难的压抑中度过,"挨过了十载的岁月,/好容易度到了中年,/那时内心稍平安定/才胆敢在路上流连!"然而由于他的欲望受到极度的压抑,他的人性是扭曲的,病态的。当他有一次夜行时,发现了月光下一具女子的裸尸,他难以自持,颤抖地将她的全身抚遍,并在女尸上睡了一觉,直到被兵乱的喊杀声惊醒,才落荒而逃。他的内心充满了"忏悔",但也对自己不幸的处境、对压抑人性的力量(不仅仅是宗教)提出了控诉:"这是我日夜的功课/我的悲哀,我的欢乐/什么是佛法的无边/什么是彼岸的乐园/我不久死后焚为残灰/里边可会有舍利两颗/一颗是幻灭的蜃楼/一颗是女尸的半裸"!

埃斯库罗斯

悲剧的原意是"山羊之歌",是古希腊人对酒神狄奥尼索斯进行祭祀时表演的一种节目形式。"羊人剧"就是戏剧舞台上的悲剧的前身。到了公元前5世纪,悲剧之父埃斯库罗斯增加了戏剧的成分,加上第二演员,从而使合唱抒情诗变成了独立的悲剧艺术。作为戏剧类型之一,悲剧是戏剧文学和舞台艺术的结合。由此推而广之,人们把具有与"悲剧"相同的审美特征的其他文学艺术形式,甚至把生活中具有悲剧意义的事件统称为悲剧。

总体来说,美学意义上的悲剧(或称悲剧性)具有以下几个特征:成功地塑造悲剧主人公形象;具有曲折、复杂的悲剧情节;具有强烈的悲剧冲突;给观众或读者带来哀恸、悲伤、恐惧甚至强烈的心灵震撼之类的审美心理效应。

那么,中外诗人的作品在悲剧性方面有什么不同呢?

我们都知道,亚里士多德十分长于表现叙事诗的悲剧性。首先,从悲剧主人公来看,亚里士多德非常强调人物在悲剧中的作用。他认为,悲剧的主人公必须是正面人物,他有许多肯定性的品质,但他又不是十全十美的人,他也有缺点。亚里士多德提出悲剧人物应具备以下六要素:形象、性格、情节、言辞、歌曲和思想。尽管这六要素并不属于同一范畴,将这六点放在一起有点杂乱,但是亚里士多德注意到了悲剧人物在悲剧中的作用,这是很有见地的。当然,他讲的是作为戏剧类型之一的悲剧,不过也适用于美学意义上的悲剧。

古今中外所有成功的悲剧,无不成功地塑造了悲剧主人公的形象,如俄狄浦斯王(《俄狄浦斯王》)、哈姆雷特(《哈姆雷特》)、贾宝玉和林黛玉(《红楼梦》)等等。这些人物塑造得都非常成功,他们的音容

走进科学的殿堂

笑貌、他们的言谈举止、他们的性格和思想感情，都给读者或观众留下了深刻的印象。我们可以把捉到他们生命的脉动，可以进入他们的内心世界。

而冯至的叙事诗中的人物，连姓名都没有，我们只知道他们是吹箫人、少尼、蚕马、老和尚。诗作并没有深入细致地塑造这些悲剧人物，我们不能看清他们的面目，他们留给我们的只是一个写意式的背影。他们的性格、思想、感情，我们都不知晓，只能淡淡地感受到他们的一些意绪。《吹箫人》中，我们只能感受他们二人在面对爱情和艺术两难问题时的困惑和烦恼；《帷幔》中，我们也只能感受到少尼的刚毅、幻想、悲凉；《蚕马》中，我们也只能感受到蚕马的忠诚和痴情；《寺门之前》中，我们也只能感受到老和尚的痛苦和内心的折磨……除此之外，我们对他们的身世、形象、性格、思想、感情、内心活动等一无所知。

话剧《哈姆雷特》

亚里士多德也非常强调悲剧的情节，他认为"情节乃悲剧的基础，有似悲剧的灵魂"。他强调悲剧的情节必须是"完整"的，必须"有头、有身、有尾"。他由此得出悲剧的定义："悲剧是对于一个严肃、完整、有一定长度的行动的模仿。"他所谓的"行动"实际上就是情节。由于亚里士多德非常强调情节在悲剧中的作用，故而有人将他的悲剧理论简称为"情节说"。应该来说，情节对于悲剧是非常重要的，因为只有有了复杂、曲折的情节，才可以让人物展开他的行动，人物的形象也才能够塑造起来，也才能够在情节的发展中，产生悲剧冲突，最终导致悲剧结局的发生。我们正是在情节的发展中，才了解俄狄浦斯王的身世、经历、性格、思想、感情等；我们也正是在情节的进展中，才知道他由于违背了上苍的旨意，杀父娶母，才给国家带来灾难；也正是情节的发展，导致他的悲剧结局不可避免。

而冯至叙事诗的情节线是非常模糊的。诗人只是用抒情的语言，跳跃性地描写了几个关键性的情节。即使对于这些关键性的情节，他也只是一笔带过，并没有详细深入地进行刻画。如《吹箫人》只有隐居、寻找女郎、见面、劈箫、逃往山中等几个情节；《帷幔》只有蚕女思父、蚕马载父归来、杀马、蚕马卷蚕女而去等几个情节；《寺门之前》则只是从老和尚的口中才知道一点点原委。而且这些情节都淹没在抒情的语言之中，我们读了之后，只能感受到一种浓浓的抒情氛围。诗中更主要的是抒情，促使剧情发展的

冯至《吹箫人》

更多的是情感线，而不是情节线。从这一点来说，冯至的这四首叙事诗的悲剧性也应属于轻型悲剧。

黑格尔的悲剧理论特别强调悲剧的冲突，而且是具有普遍意义的重大力量之间的冲突。他认为这种冲突合乎规律地发展，必将导致悲剧的结局。如他概括的几种悲剧形态，命运悲剧就是人与命运的冲突导致的悲剧（如《俄狄浦斯王》）；性格悲剧就是人物内心性格的冲突导致的悲剧（如《哈姆雷特》）。尽管黑格尔所谓的冲突，不是社会生活中存在的冲突，而是精神性的普遍力量之间的冲突，是两种伦理力量之间的冲突，这显示了他唯心主义的悲剧观，但是他的"冲突说"对悲剧理论的贡献还是巨大的。

马克思和恩格斯在扬弃了黑格尔"冲突说"的唯心主义色彩的同时，也继承了悲剧冲突这一理论，不过他们更强调悲剧冲突的社会及阶级根源。恩格斯在《致斐拉萨尔》中指出，悲剧的冲突本质上是"历史的必然要求和这个要求实际上不可能实现之间的悲剧性的冲突"。悲剧的冲突是强烈的，不可调和的。

冯至这些叙事诗中也有冲突，如《吹箫人》中爱情与艺术的冲突，《帷幔》中美好幻想与

《冯至全集》

现实境遇的冲突,《蚕马》中痴情与冷漠、残忍的冲突,《寺门之前》中正常欲望与人性受压抑的冲突。但是这些冲突在诗中并没有展开,给人的感觉是很淡的。正是从这个意义上说,其悲剧属于轻型悲剧。

冯至的叙事诗给我们带来的心理感受,不是震撼,不是激荡,不是悲痛,也不是恐惧,而是沉思,是感悟,是久久的低回,是轻轻的叹息。这也可以说明其轻型悲剧的特性。

冯至用他的幽婉、哀伤的笔调,为我们歌唱了一个个哀怨、凄美的悲剧故事。但冯至是一个善良而又内心脆弱的歌者,因而他的悲剧呈现出轻型悲剧的特性。

此外,冯至的小说与散文也均十分出色。小说的代表作有二十年代的《蝉与晚秋》、《仲尼之将丧》;散文则有1943年编的《山水》集。他的散文集《山水》,以清朗而有情致的文字,在山光水色的描写中追求一种启示性的哲理,显示了他散文创作的艺术个性。中华人民共和国成立后,冯至致力于翻译、教学和外国文学的研究工作,并坚持创作,还多次出国访问,从事对外友好和文化交流活动,担任北京大学西语系主任、中国社会科学院外国文学研究所所长、中国作家协副主席、中国外国文学学会会长等职。出

1951年初版 冯至著《东欧杂记》

版有散文集《东欧杂记》、传记《杜甫传》、诗集《十年诗抄》、论文集《诗与遗产》、译作《海涅诗选》和海涅长诗《德国，一个冬天的童话》等。

冯至先生是"学贯中西"的一代宗师。他既有国学的扎实功底，又有西学的深厚造诣。他不但能用母语写出优美的诗歌、散文，而且具有古文的过硬基础，故他对中国古典文学也相当谙熟，尤对杜甫的研究卓有成就，以至拥有权威性的发言权。在德国留学的5年里，他不仅攻读了德国文学，而且也攻读了德国哲学。所以他关注的德国作家多是

冯至译作《海涅诗选》

哲学味道较浓的诗人，除歌德、席勒、海涅外，他也关注带有"现代"特征的诗人：诺瓦利斯（这是他的博士论文的研究对象）、荷尔德林、里尔克等。他翻译的上述古典名家的诗歌、散文和美学论著在我国拥有众多的读者；他翻译的里尔克《给一位青年诗人的九封信》最早向中国读者介绍了这位世界级的现代诗人，对中国现代诗歌的发展产生了深远的影响。由于冯至先生在两个领域里的显著成就，他获得"双肩挑"的雅称。毫不意外，20世纪60年代初，中宣部在组织大学文科教材编写的时候，冯至以《中国文学史》与《欧洲文学史》总负责人的资格

思想者的俱乐部——海德堡大学

参与并领导这两部教材的编写工作。

海 涅

冯至先生给我们留下的宝贵遗产，除了他的作品与著述以外，还有他严谨的治学精神。在治学方面冯至先生表现出异常的严谨和科学的态度，无疑是文学研究界的楷模。凡是他自己确立的研究项目，他从来不从书本到书本，引经据典地生吞活剥，快速成文成书，而是依据自己丰富的创作实践和长期的生命体验，将自己的灵魂融入研究对象，作出令人感佩的解读和阐释。无论是他的中国文学研究的代表作《杜甫传》，抑或他的外国文学研究的代表作《论歌德》，论篇幅都不长，各约15万字。但是它们的诞生过程都不短，尤其是《论歌德》，前后断续达40年！这不禁令人想起歌德的《浮士德》，前后写了60年！冯先生分明是用歌德写《浮士德》的精神来写《论歌德》了！1990年冯

《杜甫传》竖排繁体版 冯至著

华人风采

127

至在他重抄的遗嘱中，谆谆告诫后代：希望他们"老实做人，认真工作，不欺世盗名，不伤天害理，努力做中华民族的好儿女"。

冯至的治学方法是"洋为中用"，学风特点是严谨，人品是诚实、正直、谦虚、平等待人和爱国。

"洋为中用"的治学方法。冯至把他在创作中使用"洋为中用"的方法叫做"吸收外来养分"。这个提法本身也表明"洋为中用"的主体是中国，"洋"为作为中国人的创作主体所用，为中国的广大读者能够并乐于接受。冯至的主要学术著作《杜甫传》、《论歌德》和他写的其他学术论文都贯彻了这个精神。他明确地说过"我们搞外国文学，并非为研究而研究，也不是为外国人研究，而是从中国的需要出发去研究，根本目的还是在于为发展社会主义提供借鉴。"他在北大当"西语系"系主任的时候，搞教改，多次修改教学计划，他每次都强调两件事：一个他强调西语系的学生要打好扎实的外语基础，另一个强调的便是学外国文学的人要学好中国文学。"学外国文学的人要懂得中国文学"这个观点是冯至非常鲜明的观点。它不仅体现我国外国语言文学为谁服务的根本性原则，而且也符合语言、文学具有整体性的学科规律。

严谨、求真的学风。对写论文，学术界流行着一句常说的成语，叫"言之成理，持之有故"，它表达了写文章不能信口乱说，写文章要有根据而且要符合逻辑，这恐怕就是"严谨"的要求。但是，如果光按这句话行事，还远远达不到科学性的要求，因为这两个条件仅仅说明了写文章时对作者主观方面的要求，没有提出对写出来的文章要符合客观。但如果在"严谨"之外再有"求真"这一条，就保证了文章里说的要符合客观，或力求接近客观，这样才称得上科学性的要求。冯至搞研究工作就是按"严谨，求真"这两条要求去做的。我们从他两部主要著作《杜甫传》和《论歌德》里就可以看出这种治学态度。

冯先生虽然掌握丰富的母语功力，但无论他的诗文或译作，从不生花妙笔，铺张辞藻，而是文如其人，朴实无华。他经常以这种精神教导我们后辈，尤其在撰写辞书的时候。他也把像他这样的同调者引为自己的精神知己。他曾赞扬布莱希特的文字"简练"得"几乎不能增减一字"。

冯至学贯中西，著述广博，他对中国文学同样有深厚的研究和底蕴。他写的中国历史小说是与研究杜甫分不开的。他的小说中洋溢着真情与历史感。他在小说创作中完成了作家的使命。人们赞扬他，他只是谦虚地表示："是用一点工夫写出来的"。

冯至在外国文学界从教、搞研究、当编辑辛勤耕耘了几十年，发表过许多精辟的意见，成果累累，在不同时期，在历次运动中又几次否定自己，最后达到自知之明，他是我国外国文学界的一面大旗。

1964年，冯至先生到中国社会科学院新成立的外国文学研究所担任第一任所长，同时继茅盾、曹靖华之后又兼任《世界文学》杂志主编。

早在，20世纪40年代他说过："翻译外国文学，不外乎为了两个目的：积极方面是丰富自己，启发自己，消极方面是纠正自己，并在比较中可以知道自己的文学正处在一个什么地位。"他的这个标准，对于今天的翻译界仍然是适用的。诚然，在这之后，他又多次专门论述过文学翻译的重要意义。

冯至作为一位老学者、老专家非常重视发现人才。他曾几次提到绿原。绿原是诗人，因胡风冤案曾被关在监狱中多年。但绿原是真正的有良心的求上进的知识分子，他在逆境中，灾难临头时，也没有放弃学习和自我修养。他在监狱中学会了德语，平反后派到出版社工作，接手处理大学者朱光潜先生据德文原本译出来的莱辛美学名著《拉奥孔》。绿原在审稿时对译文提出十分中肯的意见，使冯先生无比赞佩，他很想知道这位编辑是何许人，能如此深刻地理解原著精神。得知是绿原时，他感到十分惊讶。他知道绿原写诗，懂英文，但没有想到他的德文也有如此高的水平。冯先生对他肃然起敬。绿原后来著文论述中国和德语诗歌的比较，作出突出贡献，得到冯先生高度的评价。

莱辛美学著作《拉奥孔》，朱光潜译

大家盛赞冯至先生在介绍外国文学方面的贡献，他却以惯有的谦恭表示，他不过是一名外国文学界的"导游者"。

他晚年时写的一首诗《自传》：

三十年代我否定过我二十年代的诗歌，

五十年代我否定过我四十年代的创作，

六十年代、七十年代把过去的一切都说成错。

八十年代又悔恨否定的事物怎么那么多，

思想者的俱乐部——海德堡大学

于是又否定了过去的那些否定。我这一生都像是在"否定"里生活。纵使否定的否定里也有肯定。到底应该肯定什么，否定什么？进入了九十年代，要有些清醒，才明白，人生最难得到的是"自知之明"。这是一篇有哲理、深刻、感人的作品，他写尽了中老一辈文人的命运，诗人的苦恼，政治运动中的挣扎，一再否定自己，悲喜交加的经历。

冯至在学术上主要研究领

朱光潜先生

域为德语文学，冯至是德国文学专家，多年从事德语和德国文学教育，为培养从事中德文化交流的人才做出了贡献。1988年用所得一万马克奖金设立"冯至德语文学研究奖"，鼓励中青年研究者从事相关研究。冯至还是德国文学研究家，特别是歌德研究。从留学德国时起，他一生都在读歌德、译歌德、研究歌德，早在抗战时期，冯先生在昆明时便着手翻译并注释《歌德年谱》。他曾讲过当时的情景：每天下午进城去昆明，第二天下课后再上山，背包里装的只有两种东西：一是在菜市上买的菜蔬，一是几本沉甸甸的《歌德全集》，只要有时间他就阅读歌德著作。他说，后来他能够发表一些有关歌德的论文，是与那时的努力分不开的。早期对歌德的研究主要是从歌德作品中领悟一些生活的智慧。40年代末，冯至开始"用心去了解歌德所处的时代和他与社会的关系"，

走进科学的殿堂

关注如何认识歌德、如何评价歌德的问题，对歌德的研究进入一个更高的阶段。此外，冯至还是杜甫研究专家。在杜甫研究方面，其《杜甫传》是中国第一部杜甫的传记作品。是我国比较文学的最早实践者之一，既注重从微观对同时代同国度的作家作品进行比较研究，又善于从宏观方面把握不同时代不同国度的作家作品。《歌德与杜甫》一文对两位伟大诗人的成因进行了分析，认为他们具有崇高的思想，所处的环境又非常简陋，两者的对立、矛盾使他们能够写出深刻伟大的作品。他在这个领域辛勤耕耘了70余年之久。冯至翻译了很多重要的德国诗人的作品，如歌德、席勒、海涅、里尔克、荷德林、布莱希特等，风格严谨，技艺高超。

1980年，冯至当选为瑞典皇家文学、历史、文物研究院外籍院士。1981年当选为联邦德国美因茨科学与文学研究院通讯院士。1983年获联邦德国歌德学院歌德奖章。1986年获民主德国格林兄弟文学奖金。1986年当选为奥地利科学院通讯院士。1987年获联邦德国大十字勋章和国际文化艺术交流中心艺术奖。用其所得一万马克设立了"冯至德语文学研究奖"。

1993年2月22日，冯至在北京逝世，享年87岁。

怀念翻译家梁宗岱

梁宗岱（1903—1983年），广东新会人，笔名岳泰，我国现代著名翻译家、诗人。主要著作有：《诗与真》和《诗与真二集》、诗学专著《屈原》、诗集《晚祷》、词集《芦笛风》。译作有：《蒙田试笔》、《水仙辞》（中华书局，1930年）、《一切的顶峰》（商务印书馆，1937年）、《莎士比亚十四行诗》（人民出版社，1979年）、《罗丹》（正中书局，1941年，四川美术出版社，1984年新版）、《浮士德》（上、下集）等。此外，他自1944年起还致力于医药的研究，经30余年的努力，现有绿素酊、宁神、草精油三种药行世，疗效颇佳，并撰有《我学制药的经过》一书。

梁宗岱

走进科学的殿堂

幼时,梁宗岱在其父指导下,攻读《四书》、《五经》及唐宋八大家文,并博览我国古典文学名著如《三国演义》、《水浒》等,因而少年早慧,文思滔滔。后来,梁宗岱入读广西百色小学,仅一年,便回新会大泽上中学。但因学校课程没能满足他的求知欲,于是转广州东山培正中学。当时他曾主编该校校刊《培正学报》、《学生周报》等。

梁宗岱早年文思敏捷,对诗歌创作有着极为浓厚的兴趣。他认为"真是诗的唯一深固的始基"。置身于大自然,植根于现实生活。刻意追求新诗创作的最佳境界。梁宗岱经常在广东的《越华报》、《群报》等报纸杂志发表诗作,16岁便被冠以"南国诗人"的称号。1924年,商务印书馆出版了他的诗集《晚祷》,颇受文学研究会同仁的推崇,他们认为:"梁君之诗有独具的风格。与别的作家显有不同之处。喜欢研究新诗者不可不读"。1921年,梁宗岱应茅盾、郑振铎之邀加入"文学研究会"。两年后与刘思慕组织"文学研究会广州分会"。还不到20岁,梁宗岱便已成为名扬全国的文坛新星。

年轻时的梁宗岱

但是,梁宗岱并没有满足于已经取得的成就,更没有沉溺于赞扬声中。1924年,他毅然离开岭南大学,赴欧洲留学,长达7年之久。7年留学中,他十分注意吸收西方文学的精华,努力探索诗歌翻译的技巧和手法。他认为,翻译就等于两颗心灵"遥隔着世纪和国界携手合作",译者简直觉得"作者走自己的前身,自己是作者的再世",他视翻译为"再创作",并以自己极其严谨的态度、精湛的艺术造诣,再现了中西方名家佳作的原貌、意蕴和风格。他的译作《莎士比亚十四行诗》、

梁宗岱在法国留学期间在塞纳河上游玩

《水仙辞》、《流浪者之夜歌》、《蒙田试笔》、《罗丹》、《歌德与贝多芬》、《交错集》等均被国内不少出版社印成单行本或收入《梁宗岱译诗集》出版或重版。香港文学评论家璧华先生在1979年香港出版的《梁宗岱选集》前言中赞道:"五四运动以来,除梁氏外,仅有朱湘、戴望舒、卞之琳等少数几个能达到这个水准"。《外国文学》也曾发表评论说:"梁译的特色是行文典雅、文笔流畅。既求忠于原文又求形式对称。译得好时不仅意到,而且形到情到韵到"。他的法译诗《陶潜诗选》被法国著名文学家罗曼·罗兰称为"一本杰作"。法国当代最著名

的诗人保尔·瓦雷里也对此书甚为赞赏并为之作序。

1931年秋，梁宗岱从欧洲回到了祖国，主要从事高校教育工作，先后任北京大学法文系教授和系主任并兼清华大学讲师、南开大学英文系教授、复旦大学外语系教授兼主任、西江学院教授兼教务长、中山大学外语系、广州外国语学院西语系教授等职。他一面从事教学，一面致力于诗歌理论的研究。1934年至1936年，梁宗岱先后出版了《诗与真》、《诗与真二集》两本诗论集，不仅总结了他自己创作实践的经验，而且对我国新诗的创作和翻译有重要的指导意义和参考价值，是不可多得的论诗著作。香港评论界这样评价这两本诗论结集，"可以和朱自清的《新诗杂话》、李广田的《诗歌艺术》以及艾青的《论诗》并列为五四以来最重要的论诗著作"。

梁宗岱著译作品集

高深的艺术造诣、严谨的治学态度，使梁宗岱教授在我国教育界也享有盛誉。他从事高校教育50多年，为祖国培养了大批优秀人才，其中不少学生也成为很有成就的作家、教授、学者。

梁宗岱教授还具有崇高的民族气节。1931年夏，他应国际联盟附属机构"为争得和平的宗教和道德"大会之邀，发表题为《裁军的道德问题》的演讲，被选为该会永远理事。九一八事变后，他在祖国处于深重灾难的时刻回国，对国民党反动派积极反共、消极抗日的政策极为愤慨，不顾个人安危，到处发表演说，积极宣传抗日救国，还曾断然拒绝国民党反动派给他"立法委员"的官职和参加"智囊团"的邀请。新中国成立后，他积极参加各种社会活动，历任广西第一届人民代表大会特邀代表、第一届政协委员，广东省第二、三、四届政协委员，中国民主促进会广东省和广州市委员会委员，全国外国文学学会会员等职。1951年9月，梁宗岱蒙冤入狱，直至1954年6月才在中央和省领导的干预下宣布无罪释放。"文化大革命"期间，他又饱受摧残，事业也因此受到很大的影响。粉碎"四人帮"后，年逾古稀的他仍然潜心著述，重译了《浮士德》上卷，重病住院直至临终前，他还念念不忘下卷的翻译。

梁宗岱散文随笔选集

受其父亲的影响，梁宗岱教授晚年对医学研究也有着浓厚的兴趣。他研制了"草精油"和"绿素酊"，经一些医院临床试验有一定的疗效。特别是民间，更流传他行医济世的传说。

走进科学的殿堂

梁宗岱先生是我国一位深受东西方文化浸润的诗人、学者、翻译家。在他的求知生涯中，一位西方大诗人、学者对他的精神、学识有深刻、长久的影响。这位诗人、学者就是法国现代派文学大师保尔·瓦雷里。他们彼此在东西文化交流、渗透、相互影响方面，能够给我们以启示。他们之间长期、深入的交往，值得我们珍视并长久记忆。

"忽然在一道悠长的闪电中站住了，举目四顾，认定他旅途的方向：这样便是你和我的相遇。"

这是梁宗岱在巴黎相遇保尔·瓦雷里时产生的精神感触。

1924年秋天，已在国内文坛显露才华的青年诗人梁宗岱，听从李宝荣老师"真正有志于文学，就应该去欧洲文化中心——法国"的建议，在岭南大学（中山大学前身）读了一年之后，为追逐更高的人生与艺术境界，从香港乘船去往欧洲——那魂牵梦绕的陌生天地。

瑞士日内瓦大学

思想者的俱乐部——海德堡大学

到了欧洲，梁宗岱先后就学于瑞士日内瓦大学、法国巴黎大学、德国柏林大学、海德堡大学等多所著名学府。年青的梁宗岱以他聪慧的才智和不懈的努力，如饥似渴地大口吞噬着异域各方面的精神食粮。除去早在国内培正中学便已熟悉的英语外，他又学习了法语、德语、意大利语等，并能够用它们来自由地表达自己的思想。

但是，这精神食粮虽使他获得丰富的营养，可毕竟是别人的。自己的呢？什么是自己的呢？年轻的中国诗人到欧洲两年以后，在当初的兴奋高潮消退后，甚至开始怀疑在此的意义。

这时，法国当代著名诗人保尔·瓦雷里深深吸引和影响了梁宗岱。首先是他的诗，接着是他的整个人，使梁宗岱对于艺术的前途增了无穷的勇气和力量。

据梁宗岱先生后来撰文介绍：瓦雷里在大学时代便突现出他的诗歌天赋，当时就有报纸预言瓦雷里的名字将在人们的口头传颂。但在结束法学院的学业、获得法学学士学位的前后，一种柏拉图式的清心寡欲情绪控制了他。1892年9月，瓦雷里同家人前往热那亚度假，在一个暴风雨交加的夜晚，他决定放弃诗歌和爱情，献身于"纯粹的和无私的知识"。

这一别诗歌便是20多年。在此期间，瓦雷里在国防部、哈瓦斯通

达芬奇

讯社等处工作。但求知和深思的习惯，早已成为他的生命根源。在这20余年中，瓦雷里一方面致力于从前在学校时格格不入的数学，一方面更在想象中继续他的真的追求与美的创造：数学是训练他智力的弓；柏拉图教他深思；达·芬奇和笛卡儿教他不仅深思而且要建造；贝多芬等音乐大师教他怎样使诗情更幽咽更颤动；封丹、拉辛、马拉美则教他怎样用文字来创造音乐。

"是的，梵乐希（旧译名）这20余年的默察与潜思，已在无形中，沉默里，长成为茂草修林了。只待一星之火，便足以造成辉煌的火的大观。"

贝多芬画像

这一场大火终于引发。在他的好友——1947年诺贝尔文学奖获得者纪德及其他友人再三催促下，瓦雷里答应将自己青年时代的诗稿结集出版。在付印前，他想写一首40行左右的短诗附在后面，作为与诗神永别的纪念。可这小诗的想法如一星之火，使瓦雷里一发而不可收，燃烧成一首500余行的长诗——《年青的命运女神》。

这首诗对法国知识界的震撼之大、影响之深是惊人的。一位评论家称："我国近来产生了一桩比欧战更重要的事，那就是保尔·瓦雷里的《年青的命运女神》。"一首诗竟比一场战争更重要，可见其受推崇的程度。

在爱好文艺的社会里，无处不听到此诗的回声。许多诗人学者甚至以相互背诵该诗为乐。巴黎著名的杂志《知识》甚至举办了一次"谁是法国今天最大诗人"的选举，瓦雷里被读者不约而同地选中了。

法兰西学院校园

1924年冬天，法兰西学院院士法朗士逝世，位置出现空缺。具有讽刺意味的是，瓦雷里这位集象征派大成的诗人，成了生平反对象征派最强烈的法朗士先生在法兰西学院的继承者。一些评论家却指出，保尔·瓦雷里加入法兰西学院，与其说是他的荣幸，不如说是法兰西学院的荣幸。是的，许多的天才人物并不为官方接纳，这同时也使天才的光辉无从照耀那森严的门垒。

《宗岱和我》是梁宗岱先生的夫人甘少苏女士的回忆录。甘少苏女士原是粤剧演员，她谦逊地自称"半文盲"，和梁宗岱先生结婚以后，才开始学文化。或许是由于她天资颖慧，且和梁先生共同生活了近40

走进科学的殿堂

年，相濡以沫，这位"半文盲"所记述的名震一时的诗人和学者生活经历的书，写得异常质朴、动人。当然，论述梁宗岱先生的著译成就、学术思想等等，非她能力所及，对一些文化史实的论述与鉴别，也非她所长。不过，读者并不会对此有所苛求。

《宗岱和我》的出版，使读者们比较系统地了解到这位诗人和翻译家的坎坷际遇，阅后不能不使人一掬同情之泪。甘少苏女士记述的梁宗岱先生的前半生，才华横溢，奋发有为。18岁时，由于在文学创作上崭露头角，得到了郑振铎先生和沈雁冰先生的赞赏，被邀参加"文学研究会"。随后到欧洲留学7年，在法国，同时得到了两位思想、艺术倾向迥然不同的大师保罗·梵乐希和罗曼·罗兰的赏识。梵乐希与他结为至交。罗曼·罗兰非常欣赏他法译的陶渊明的诗，在给他的信中称这种翻译是"杰作"，"令人神往"，并在瑞士的寓所，破例接待过他。梁宗岱先生也一再提到这两

罗曼罗兰

巴金

华人风采

位大师给予他不可磨灭的影响。1931年回国后，他先后在北京大学法文系、南开大学英文系担任教授，抗战时期任复旦大学教授。

甘少苏女士这些记述，与温源宁教授在30年代所写的《一知半解》一书中，对梁先生的记述，大体吻合。温源宁这样写道：

"万一有人长期埋头于硬性的研究科目之中，忘了活着是什么滋味，他应该看看宗岱，便可有所领会。万一有人因为某种原因灰心失望，他应该看看宗岱那双眼中的火焰和宗岱那湿润的双唇的热情颤动，来唤醒他对'五感'世界应有的兴趣。因为我整个一辈子也没见过宗岱那样的人，那么朝气蓬蓬，生气勃勃，对这个色、声、香、味、触的荣华世界那么充满了激情。"

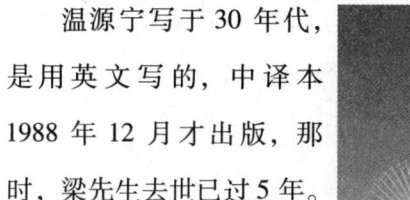

温源宁写于30年代，是用英文写的，中译本1988年12月才出版，那时，梁先生去世已过5年。

春去夏来，常见梁先生身穿短袖开领汗衫、短裤衩，赤脚着凉鞋，走进课堂，用咬字清楚的粤调

日本横滨一景

讲授法国文学。也见他不时出现在男女学生们组织的诗歌朗诵会上，听着女学生高唱他的译诗："要摘最红最红的玫瑰……"兴致勃勃，不让青年。调皮的学生看他那股劲儿，戏称之曰"性细胞"，显然是源于弗洛伊德的"里比多"，代表一种力量的说法。归真返璞，质朴自然，表现了他的生活态度。到了晚年，甘少苏回忆录中写道："宗岱还是有一

走进科学的殿堂

股倔强脾气,像年轻气盛时一样,想争强,不服'输'。"在秋末初冬的广州,已微露一丝凉意,他却仍然光膀子,短裤衩,右手摇着大葵扇,和来客谈古论今。甘少苏说:"宗岱已经73岁了。他相信打倒了'四人帮',经过一段时期的恢复,中国会走上正轨,从此尊重知识,尊重人才。经过长期文化饥荒的中国人民,会像渴望阳光和空气一样渴望书籍。他把制药赠药的事全部交给我,自己将全部精力投入到翻译工作上。"然而,历尽各种磨难之后,生命却到了尽头。

梁宗岱和发妻沉樱

现在在外语学院,人们还有机会瞻仰梁宗岱先生的故居。梁宗岱先生的夫人甘少苏也已经去世。故居门扉紧闭,人去楼空。在窗外只可见屋里仍到处悬挂和堆满中草药,据说,这是甘少苏女士为继承她丈夫的遗志,生前仍孜孜不倦地继续这项研究。梁先生制作的叫做"绿素酊"的药物,据说对治癌有效。法国方面还曾给他寄来了关于药学和植物学方面的书籍。在法国和日本,在他旅居过的地方,朋友们还在想念着他,罗曼·罗兰的亲属打听过他,象征派大师瓦雷里的儿子小弗朗索瓦,女作家玛塞尔·奥克莱也在怀念他。然而,诗人和学者梁宗岱已经成为历史的过客,他一生先是轻快后是艰难的步履引起人们的深思,值得人们怀念。

思想者的俱乐部——海德堡大学

文坛"旋风"龙应台

龙应台，著名女作家、文学评论家。祖籍湖南衡山，1952年生于台湾高雄，由于父亲是职业军人，小时候经常搬家，而在不断的搬迁中，也养成她站在心灵边缘冷眼观看世界的个性。1969年，龙应台进入成功大学外文系，毕业后赴美国堪萨斯州立大学攻读英美文学博士，毕业后曾任教于纽约市立大学。1983年8月，龙应台偕同德籍夫婿，任教于中央大学英文系。经过一年的观察，龙应台发现文学界"温柔敦厚"的评论风气无助于文学发展，希望自己在专业上尽一份心力，于是发表了第一篇小说评论《淘这盘金沙——细评白先勇的〈孽子〉》，此后，她又陆续析评马森、王祯和、张爱玲等13位小说家的作品。这一系列的文章，后来集结成《龙应台评小说》。她写的书评并不堆砌专业的评论术语，而是本着深厚的学术涵

龙应台

养与仔细阅读，以专业的角度，就事论事地对作品多方探讨。这本书在当时文化界引发很多讨论，但是，龙应台期待文学评论者能以高度的文学素养，走出一条专业、客观、坦诚的书评路线的目标，仍有待努力。

龙应台这种实事求是的客观精神，结合知识分子的社会良知与勇气，在当时特殊事件的引爆下，发表了一系列社会批评的文章，从《中国人，你为什么不生气》开始，龙应台走上以杂文写社会批评的写作路线。她的文章就如一把燎原的野火，为台湾社会提供了一个反思的空间。这一系列文章后来集结成《野火集》、《野火集外集》。龙应台的文章引起了两极化的反应，有的鼓掌叫好，有的破口大骂，可龙应台依旧维持其犀利的风格，游走在当时文字尺度极限的边缘。

龙应台的文章节奏明快利落，不卖弄辞藻，从观察生活具体的事件开始，穿透事件表象，归纳其中反映的问题，再深入分析问题的形成。她的许多见解都能直指问题核心，文中的论述也相当有启发性。《野火集》自1985年出版，至今已20几版，在大陆也有24万册的销售纪录。可见，《野火集》里反映的现象与讨论的问题，是两岸共同的文化现象。

1982年，龙应台获得堪萨斯

龙应台《野火集》

州立大学英文系博士学位，后一度在纽约市立大学及梅西大学外文系任副教授。1983年，由于思念家乡，龙应台回到台湾，先在中央大学外文系任副教授，后去淡江大学外国文学所任研究员。1984年出版《龙应台评小说》，一上市即告罄，多次再版，余光中称之为"龙卷风"。1985年以来，龙应台在台湾《中国时报》等报刊发表大量杂文和小说评论，掀起轩然大波，成为知名度极高的报纸专栏作家，以专栏文章结集的《野火集》，印行100版，销售20万册，风靡台湾，是80年代对台湾社会发生巨大影响的一本书。

1986年，龙应台离开台湾，与夫婿旅居瑞士，后返回德国定居，也告别了《野火集》的写作方式。这段期间，台湾解除戒严，柏林围墙倒塌，苏联共产瓦解，全世界进入后冷战时代，在欧洲的龙应台目睹了这一切，也拓展了视野，当她再思考台湾的问题，就有了不同的解读。最突出的一点，就是在诠释问题、追索根源时，较以前更具历史的纵深与宽广的视野。这时候她的作品有《人在欧洲》、《从东欧看台湾》、《写给台湾的信》等杂文集。也在为人妻、为人母的成长历程中，写了《美丽的权利》、《孩子你慢慢来》、《我的不安》等一系列关心女性问题的书，展现作者的另一面。另外还有作品《看世纪末向你走来》、《在海德堡坠入情网》、

堪萨斯州立大学一景

走进科学的殿堂

《干杯吧，托玛斯曼》、《龙应台自选集——女子与小人》、《魂牵》、《啊！上海男人》、《这个动荡的世界》等。

龙应台思索问题的深度与广度的拓掘，在其《百年思索》中较完整地呈现，这本书深具历史意识，视野宽阔，上下纵贯百年时序，论述涵盖东西文化，除了延续其锐利的观察之外，也蕴含了历史的沧桑与无奈。在这价值重估的时代，龙应台不但深入思索历史问题，也学习阅读中国古典文献，关怀的视角从台湾到西方，并及于中国大陆，这正是知识分子批判精神的一贯坚持与持续拓展。

台湾著名诗人余光中

1988年，龙应台来到了海德堡大学任教。年底，作为第一个台湾女记者，龙应台应苏联政府邀请，赴莫斯科访问了10天。1996年以后，龙应台不断在欧洲报刊上发表作品，对欧洲读者呈现一个中国知识分子的见解，颇受注目。

自1995年起，龙应台在上海《文汇报》"笔会"副刊写"龙应台专栏"。与大陆读者及文化人的接触，使她开始更认真地关心大陆的文化发展。在欧洲、大陆、台湾三个文化圈中，龙应台的文章成为一个罕见的档案。其一系列"上海男人"的文章，一样在大陆引起广泛讨论，

思想者的俱乐部——海德堡大学

并于当年被上海文汇笔会评为第一届文学散文随笔奖。旅居海外19年，龙应台持续对台湾的关注，并长期在瑞士、德国等国媒体发表论述，表达华人观点，对于台湾文化的译介与输出，作出了实质的贡献。1999年，她还接受了马英九的邀请，出任台北市政府文化局长一职，从一位体制外的文化观察者、批判者，转变成体制内的决策者、执行者，这或许正是她理念落实、具体关怀的最佳实践。

龙应台《美丽的权利》

龙应台著名的《野火集》所逼问的是一个冷酷的问题：我们，是不是一个残障的民族？如果说《野火集》对这个社会有所要求，大概就在要求我们重新审视背上那个习以为常、见怪不怪的观念的壳。不敢质疑，不懂得质疑是一种心灵的残障；用任何方式去禁止质疑，阻碍思考，就是制造心灵的残障。

《百年思索》是龙应台的一本散文集，龙应台用她的眼光看世界、看中国，抒写了她对历史的反思，对中西文化的思索，对未来的展望。

在《这个动荡的世界》这本书中，龙应台以理性之笔评说世界风云，以知性之思探究多舛命运，以感性之情抒解人生悲怆，我们看到的，不仅是她的足迹所及，更是深深的思索、长长的叹息。理性、知性、感性相交融的龙应台，行数万里路，集十年精华，推出精彩新作《这个动荡的世界》。她走过交织着仇恨、暴力与祈祷的以色列和巴勒斯坦，笔触伸进这块灾难之地的历史背景。她走过革命与贫穷的社会主义古巴，告诉我们，卡斯特罗的子民们在过着怎样的生活。她走过在巨大的历史创痛中挣扎着的东欧和德国，发现历史的伤口早已绷开，眼泪与义愤却难以使其痊愈。龙应台说：这是我在中国大陆出版的很重要的一部书。

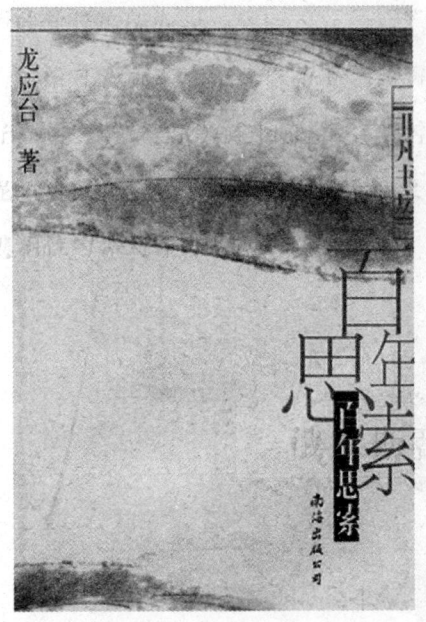

龙应台《百年思索》

龙应台是一位外观看上去朴素和简洁、会遮挡住她充满激情和理性的内心，并且容易使人产生错觉的女性。她看似纤弱，让人难以想象她的骨子里会藏有喊出"中国人，你为什么不生气"的力量。然而，她早在《野火集》里，就发出了这样的"天问"，并由此获得"龙旋风"的美称。

龙应台作品《女子与小人》

思想者的俱乐部——海德堡大学

20世纪80年代初，龙应台以文学批评家的身份，出现在台湾文坛。多年生活在美国、德国的龙应台，由于没有人情包袱，便用散文的笔法，大胆地写出了《龙应台评小说》一书，直言当时的小说得失。龙应台认为文学批评不是读后感，不是印象，一定要当一门专业去搞。要评价某一部作品，必须把它放到传统文化的大背景下，进行纵横的比较。否则，任何评判都带有偏见，都会对作品产生误解。真正的文学批评，靠的是心胸非常开阔、不为偏见所限制的人。容纳百川的批评家，才能把握文学的大世界。关于散文笔法的文学批评，她认为是，用老百姓都能懂的语言来写艰深的理论，无非让文学评论进入更为广阔的社会层面，把专业批评从学院高深的围墙里带出来。

这位在东方文明中成长起来的女作家，如今完全生活在西方社会里，不同的文化冲突，是无法避免的。对于自己文化的保护和遗失，对于外来文化的抵触和接受，痛苦或愉悦，是每时每刻都必须承受的，感情上的不适是很深的。身处德国，她经常拷问自己：作为一位中文作家，你的家园在哪里？她说，语言文字是她唯一的家园，也是灵魂的家园。

龙应台母子对话集：亲爱的安德烈

走进科学的殿堂

华人风采

关于在世界文化的格局里,中国大文化是什么模样?她认为,大陆应吸收海洋文化的弹力和活力,台湾应吸收大陆文化的厚实和深刻。这是一个了不得的文化圈,是以汉语作为唯一界限的,建立起来后,是对人类文明的一大贡献。

台湾的杂文创作伴随着新文学的诞生而出现。20世纪50年代笔耕不辍的何凡,20世纪60、70年代风靡海内外的柏杨、李敖,80年代刮起"旋风"的龙应台,都曾数次震颤着文坛,使杂文创作成为台湾文学一个重要的组成部分。

在大陆诸多读者的印象中,以文学批评步入文坛的龙应台的杂文势烈似火、犀利如锋。她在《中国人,你为什么不生气》一文中,用一连串的"你为什么不生气?"点燃了社会批评的野火,这一连串的怒吼和指责引起了人们强烈的反响与共鸣。

杂文以广泛的社会批评为己任。龙应台独特的生活经历使她拥有宽阔的视野,获得开放、自由、丰富的资讯和观点,赋予她比本地知识分子更敏锐的眼光、更鲜明的感受,也使她比本地知识分子较少言论约束和更大胆地畅所欲言。

龙应台作品《目送》

《野火集》就是以一种社会现象、一个具体问题、一件事、一个人组成的指责社会弊端、剖析社会病态的整体"阵势",面对中国台湾社会、文化、生活、观念、制度、法律、习俗提出种种有力的挑战。其中尤以环境、教育、政治制度为关注的焦点。看到淡水河的污泥和垃圾,她指出:既不愿遗弃她,就必须正视她的病毒,站起来清洗她发烂发臭的皮肤(《生了梅毒的母亲》)。谈到受教育者的课业"像媒婆赶喜酒一样"被安排得满满,她呼吁"给学生时间和空间去思考"(《幼稚园大学》)。面对一位"不用脑的美术馆长",她极力反对专制政治对艺术的控制(《啊!红色!》)。龙应台是一个具有高度社会责任感的作家,她指责人们道德勇气的沦丧,她对教育制度使学生思想贫乏痛心疾首,她要求政治开放和宽容……她的批评"不戴面具,不裹糖衣","习惯甜食的人觉得《野火集》难以下咽;对糖衣厌烦的人却觉得它重重的苦味清新振奋"。

旅居瑞士之后,龙应台并没有放弃对台湾的关注。《人在欧洲》中,她依然想念那个"一身病痛但生命力强韧的地方"。雾气浮动的湖边,那悠闲自在的天鹅使她叹息台北那些"缺少爱生观念的孩子和那个不爱生的社会"(《烧死一只大螃蟹》)。她站在"地球村"公民的高度来观察社会、分析社会问题,将台湾的社会问题、社会现象纳入国际社会的大背景中,敏锐地捕捉到她对现实的关注点:"就地球村整体文化而言,白种文化的绝对强势所造成的世界同质化倾向,对弱势文化中的作家无

龙应台作品《人在欧洲》

走进科学的殿堂

宁是一种危机,一种威胁","有些基本信念,譬如公正、自由、民主、人权等等,必须超越民族主义的捆绑。但弱势文化中的作家或许应该结合力量,发出声音,让沉浸在自我膨胀中的白人社会产生些不安","谈四海一家,必须先站在平等的立足点上"。《何必曰台湾》一文就是站在这种大背景下来透视、考察台湾的社会、政治、文学。进入90年代,龙应台开始注重把批评的对象放在历史和现实的纵擒结合上加以剖析,从古今中外的联系上加以类比、对照、概括,从而保证了作者议论和批评达到一定的广度和深度。

龙应台杂文的魅力在于剖析问题的独特视角。她往往能在看似平常的生活现象中找出本质联系,挖掘现象背后的心态和观念,达到批评的目的。这不能不归功于她独特的思维方式和敏锐的现实触感。传统的思维定式往往使我们对隐含事物本质的现象视而不见,龙应台却摆脱了这种思维定式,没有被文明社会的表面所迷惑。如《给我一个中国娃娃》,中国人的孩子玩洋娃娃被认为司空见惯,可是黑孩子玩黑娃娃本是天经地义的事,"我却吃了一惊"。当黑孩子渐渐远去,"我开始领悟到自己这种吃惊包含了多少愚昧:黑头发、黑眼睛、黑皮肤的孩子,为什么要玩金头发、蓝眼睛、白皮肤的娃娃?"在两个现象的对照中作者的结论显得深刻而又凝重:"对于现行价值观的重新检阅、反省,应该是建立民族自尊的第

华人风采

龙应台《目送》新书推介会

思想者的俱乐部——海德堡大学

一步。"《一瞑大一寸》中作者更是以感触现实的明利、雄辩的说理，通过"速隆美"和"婴儿奶粉"两个广告，表现出不寻常的智慧，语出惊人："现代的中国女人不缠足，进步了，解放了，可是如果她们去丰乳，有了孩子之后却不哺乳……这和缠足没有两样，后果较缠足更严重。"龙应台正是借助其敏锐的现实观察能力和独特的思维方式，以独特的视角挖掘深藏在现象背后的本质联系，使得她的杂文向文明批评的深层递进。

龙应台写作室

杂文的功能在于针砭时弊、引起疗救。龙应台的杂文在对现实无情透视和直接批评的背后是将人之所以为"人"的价值摆在首位，在肯定人的价值的同时，倡导建立一个现代、合理、富有价值和尊严的人生价值观。《野火集》中的《中国人，你为什么不生气》一文正面指责的是国人姑息邪恶以致坏人肆无忌惮、为所欲为，实质上作者所要肯定的是社会中人的因素，一个由具备健康人生价值观的人所组成的社会是不会出现病态的。《难局》则直接抨击极其庞大的社会权威规范和制度对活生生的"人"的忽视和框限，要求保护人的基本权益。《"对立"又如何》在阐述西方的民主和观念时，对新的人格、新的观念毫不掩饰地加以张扬。可以说，抨击造成人格缺陷的种种弊端，肯定健康人格是《野火集》的主要内容。就是在《美丽的权利》中，作者极力维护的"女权"，实质上也是事取"人权"，即同男人一样的女人的自尊自主的

华人风采

155

"人"权。《人在欧洲》中，作为地球村公民的"人"的概念又得到了放大和扩展。《给我一个中国娃娃》将人的尊严放大为民族的自尊，《烧死一只大螃蟹》将人的概念扩展到其他生物。创作于90年代的《啊！1996》、《清理过去的黑暗》等篇目中，作者更将人的价值置于历史和现实的纵横结合中去考察、认识，充分显示了作者开阔的视野和宽广的爱心。龙应台的杂文中所倡导的健康人生价值观，绝非依照人的感情生发的，她说："判断与行动需要坚强的理性。"她认为健康的人生价值观必须有冷静的理性支持，以理性来"立人"，通过人的改造来促进社会的变革和进步。

龙应台的杂文引起的反响和共鸣是巨大的。客观上说，80年代处于"转型期"的台湾正经历着从"一元化、权威分明的社会"向"多元化社会"转变，人的观念也发生着变化。"焦灼的时代需要批判的声音"，龙应台的杂文反对权威、批判现状的立场正为给人们"痛快地供给了情绪的发泄"。主观上，这和作者高度的社会责任感密不可分。她适时抓住现实生活中同人们息息相关的事件，一改以往社会批评四平八稳、不伤和气的陋习，传达了时代的新声。

纵观龙应台的杂文创作，她前期的杂文以丰富的事实、澎湃的激情、咄咄逼人的道德勇气、论辩式的说理表现不寻常的智慧见长。但却得于犀利而失于单薄。龙应台后期的杂文虽然能站在历史、文化的高度来剖析社会现象、社会问题，保持几分的矜持，并表现传统文化和现代文化双重渗透下作者生起的种种执著和迷惘，显示着丰厚的容量，但这无疑又削弱了杂文应有的批判力度而趋向"人生杂谈"。然而，我们不可否认龙应台的杂文客观上继承了鲁迅、赖和的批判精神，为台湾的杂文园地增添了一朵奇葩。